「日本100名城」の選定にあたって

【財団法人　日本城郭協会】

財団法人日本城郭協会（会長・齋藤諦淳）は平成一九年度に創立四〇周年を迎えた記念事業として、文部科学省・文化庁の後援を得て「日本一〇〇名城」を選定しました。城郭愛好家からの推薦、専門家による選定会議を経て一〇〇名城を選定し、平成一八年二月一三日に発表、四月六日の「城の日」に名城認定書が渡されました。

一〇〇名城選定の三基準

選定にあたって次の基準を定めました。

①優れた文化財・史跡であること

城郭《じょうかく》は、城地の選定、縄張《なわばり》（設計）、普請《ふしん》（土木工事）、作事《さくじ》（建築）がそろってこそ名城とされます。これらの要素がよく保存されていることが必要です。その指標となるのが国や地方公共団体による指定です。城に関連する国指定文化財は、有形文化財としての城郭が五二件、記念物としての都城《とじょう》跡などが三三八件、それに城下町を含む伝統的建造物群や城郭の障壁画《しょうへきが》が若干加わります。この中で特に価値の高いものが国宝であり、姫《ひめ》路《じ》城《じょう》・彦根《ひこね》城・犬山《いぬやま》城・松本《まつもと》城、それに二条《にじょう》城の障壁画が指定されています。さらに世界遺産登録物件が、姫路城・二条城・琉球《りゅうきゅう》王国のグスクです。

②著名な歴史の舞台であること

名将の拠点城郭や、歴史的事件の舞台となった城郭で、今にその面影を偲《しの》ぶことができる城郭です。例えば楠木正成《くすのきまさしげ》の千早《ちはや》城や、天下統一の拠点となった安土《あづち》城・大阪《おおさか》城・江戸《えど》城、さらに戊辰《ぼしん》戦争の会津若松《あいづわかまつ》城・五稜郭《ごりょうかく》などです。

③時代・地域の代表であること

城は弥生《やよい》時代に誕生し、古代・中世と変遷《へんせん》をとげ、織豊《しょくほう》時代に日本独自の美しい近世城郭を完成させ、幕末にその役割を終えます。城郭発達史の観点から各時代を代表する城として、古代の朝鮮式山《ちょうせんしきやま》城《じろ》や城柵《じょうさく》、中世の居館《きょかん》・山城は欠かせません。日本は地理的環境も地域的文化も変化に富みます。台風・豪雪への工夫、水辺の立地など環境への適応はもとより、北海道のチャシ、沖縄のグスクなど独自の城郭文化も重要です。

選定方法と選定委員

各都道府県から一城以上五城以内として平成一七年八月から一〇月まで日本城郭協会の会報やホームページで、一〇〇名城の推薦を全国の城郭ファンに呼びかけました。こうしてリストされた城郭は四七八城におよびました。このデータを、六地方・四七都道府県別に得票順に整理して基礎資料と位置づけ、平成一七年一二月に選定会議を開催、熱心な討論の末、一〇〇城を選定しました。

選定にあたったのは次の諸先生です。

選定委員長

新谷　洋二（東京大学名誉教授・当会常務理事・土木工学）

選定委員

平井　聖（昭和女子大学学長・建築史）
村井　益男（元日本大学教授・当会評議委員・近世史）
小和田哲男（静岡大学教授・戦国時代史）
黒田日出男（立正大学教授・当会評議委員・中世史）
千田　嘉博（奈良大学助教授・考古学）

（平成一九年四月六日、財団法人日本城郭協会名城選定担当理事・中城正堯）

＊文化財の件数、選定委員の所属先は平成一七年一二月のもの。
＊令和二年九月小社刊の『日本一〇〇名城公式ガイドブック』より抜粋再掲載

北海道から沖縄まで詳細な城データを収録

日本100名城ガイド

1　各城のデータはそれぞれの城郭の申告に基づいて作成したが、表記にあたっては、以下のような原則によった。
●別名／各城郭の申告によった。
●連絡先電話／交通や見学など城に関する問い合わせに応じてくれる連絡先を記した。
●城地種類／日本城郭協会が定めた基準により記した。
●築城年代／その城の築城が始まった年を記した。その後、城が大きく改修・改築された場合は、その開始年も時代順に記した。始まった年が特定できない場合は「不明」「慶長7年(1602)?」などとした。
●築城者／築城年代に記した順番で、築城者・改修者を記した。
●主要城主／その城の主な城主を、城に入った順に記載。ただし、同じ氏が城を離れた後、再び城主になった場合は省略した。
●天守の現況・形態／現在建っている天守の仕様を「望楼型・層塔型の別」「重数・階数」「建材」「現存・再建の別」の順に記した。「再建」の場合の復元・復興などの表記は各城の申告によった。形式・種類を特定していない場合もある。
●主な関連施設／城内もしくは隣接する、城に関連のある博物館や資料館などを記した。
●主な遺構と見どころ／「主な遺構」は現存する建物や曲輪、石垣、堀などのなかで主要なものを簡略に記した。
2　地図中に、城は■で、スタンプ設置場所は★で主な関連施設などは●で示した。
3　各城の番号は日本城郭協会が定めた。
4　城の名称は日本城郭協会によるものであり、各城での呼称とは異なる場合もある。
5　主な城郭用語は日本城郭協会で定めたものを用いた。

◎所在地・電話・交通については巻末のスタンプ欄に掲載しました。
◎市町村名および各城郭に関するデータは原則として2024年9月現在のものです。お城に出かける際は、開館時間・交通手段など見学に必要な情報を事前にご確認いただくようお願い申し上げます。

根室半島《ねむろはんとう》チャシ跡群《あとぐん》……北海道根室市

海岸台地上に造られたアイヌの城砦

主な遺構

[オンネモトチャシ]周壕《しゅうごう》　土塁《どるい》

見どころ

チャシは砦《とりで》や柵《さく》囲いを意味するアイヌ語である。丘陵や海岸に面した断崖上に自然地形を生かして堀、土塁、盛土で形成された単純構造のものが多い。戦いのための城砦《じょうさい》だけでなく、祭祀《さいし》、集会、見張り場としても利用されたようである。

北海道には約五〇〇のチャシが存在し、その多くは道央から道東にかけて分布する。根室市内には三二か所のチャシ跡が確認されており、そのうち二四か所が国指定史跡に指定されている。

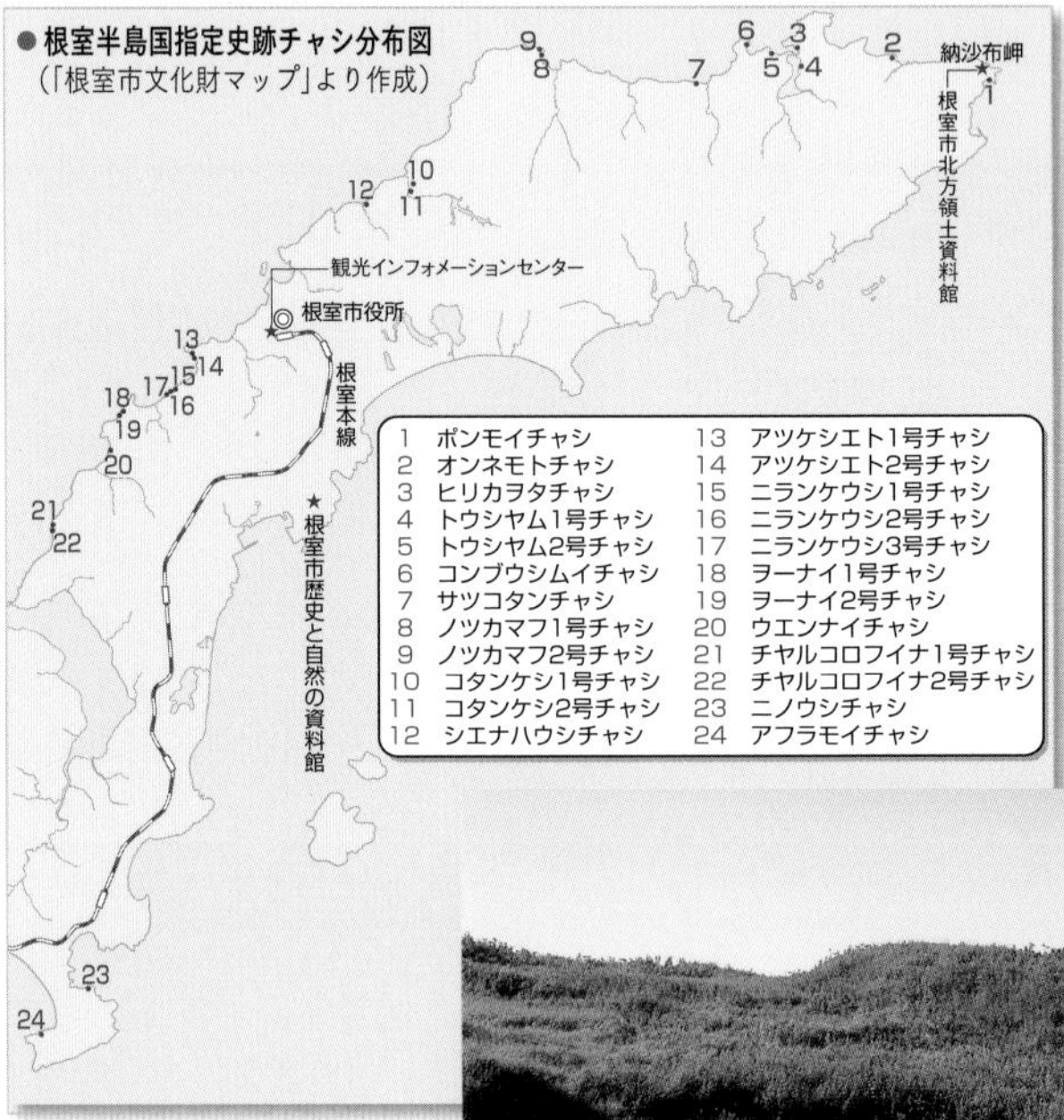

●根室半島国指定史跡チャシ分布図
(「根室市文化財マップ」より作成)

▼オンネモトチャシ
オンネモトチャシは丘や岬の一端を堀(溝)で囲った面《めん》崖《がい》式《しき》チャシ。根室半島のチャシはこの形態のものが一般的である。

▼根室半島チャシ群の説明板
オンネモトチャシ跡
(写真提供＝2点とも根室市歴史と自然の資料館)

別名	―
城地種類	山城
築城年代	16～18世紀
築城者	―
主要城主	―
文化財史跡区分	国指定史跡
近年の主な復元・整備	―
天守の現況・形態	―
主な関連施設	―
スタンプ設置所	根室市歴史と自然の資料館、観光インフォメーションセンター（JR根室駅前バスターミナル内）、根室市北方領土資料館

＊国指定史跡のうち、見学に適しているオンネモトチャシを紹介した。

五稜郭《ごりょうかく》

国内初の星形西洋式城塞

北海道函館市

主な遺構

土蔵(兵糧庫《ひょうろうこ》)、堀、土塁《どるい》、石垣、井戸跡

見どころ

五稜郭は日本初のヨーロッパで考案された稜堡《りょうほ》式の城塞《じょうさい》である。箱館《はこだて》開港にともない蝦夷地《えぞち》の統治と箱館防御のために、徳川幕府の命令で築かれた。

設計は武田斐三郎《たけだあやさぶろう》。五つの角に石垣と土塁からなる本塁《ほんるい》を配し、その外側にこれも石垣と土塁で構築された低塁《ているい》を築き、外周を水堀《みずぼり》が巡っている。大手口《おおてぐち》に半月堡《はんげつほ》を設け、三か所の虎口《こぐち》には中を見透かされないように見隠塁《みかくしるい》(蔀土塁《しとみどるい》)を築いている。

▶空から見た五稜郭

きれいな星形になっているのがわかる。1か所だけ矢尻のように突き出ているところが半月堡。

(写真提供＝函館市教育委員会)

▼箱館奉行所庁舎

発掘調査、平面図、古写真、絵図などをもとに全体の３分の1が復元された。奉行所は蝦夷地の統治、防衛および開港による諸外国との外交実務を担っていた。

▶半月堡

予算の都合で半月堡は大手口1か所だけになった。半月堡とは、日本風にいえば防御と出撃の拠点となる三角形の馬出《うまだし》である。石垣は最上部に敵がよじ登ってくるのを防ぐ刎出《はねだし》(武者返《むしゃがえ》し、忍《しの》び返《がえ》し)がある。

別名	亀田御役所土塁、柳野城
城地種類	平城
築城年代	安政4年(1857)
築城者	江戸幕府
主要城主	(箱館奉行)
文化財史跡区分	国指定特別史跡
近年の主な復元・整備	箱館奉行所を復元
天守の現況・形態	―
主な関連施設	弁天岬台場、史跡四稜郭
スタンプ設置所	箱館奉行所付属建物「板庫(休憩所)」入口左側スタンプ台(屋外)

＊箱館奉行所は、五稜郭と箱館戦争に関する資料を収蔵・展示している。

松《まつ》前《まえ》城《じょう》

幕末に築かれた最後の日本式城郭

北海道松前郡松前町

主な遺構

本丸御門、本丸表御殿玄関、堀

見どころ

日本式の最後の城である。嘉永《かえい》二年(一八四九)、幕府は海防のために、松前氏に築城を命じた。松前氏は居館があった地に市川一学《いちかわいちがく》の縄張《なわばり》で安政《あんせい》元年(一八五四)に完成。この時初めて三重の天守があげられているから、日本最後の天守だった。海防上、火砲を重視したため、城の内外に三七基の大砲を備えていた。当時の軍学どおりに造られており、曲輪《くるわ》、堀などがよく残っているので、虎口《こぐち》、石垣などを丹念に見ていけばおもしろい。

▶本丸御門
本丸脇にある櫓門《やぐらもん》。築城時から現存する門は国の重要文化財である。扉に鉄筋を張ってある。この石垣も本丸同様に美しい。

▼外堀と砲座
外堀は二の丸と三の丸の間にある。三の丸には7基の大砲がすえつけられていた。左奥がその台座。

▶天守
国宝だった天守《てんしゅ》は昭和24年(1949)に焼失したため、昭和35年(1960)に鉄筋コンクリート造《づくり》で外観を復元したものを再建。緑色凝灰岩《ぎょうかいがん》で造られた切込《きりこみ》接《はぎ》の低い石垣が見事。石垣には戊辰《ぼしん》戦争のときの弾痕が今も残っている。

別名	福山城(正式名称)
城地種類	平山城
築城年代	慶長5年(1600)、嘉永3年(1850)
築城者	松前慶広、松前崇広
主要城主	松前氏
文化財史跡区分	国指定史跡、重要文化財1件、道指定有形文化財1件
近年の主な復元・整備	内堀・外堀(一部)・搦手二ノ門・馬坂門脇角柵・天神坂門ほかの復元整備を実施中
天守の現況・形態	層塔型　三重三階　鉄筋コンクリート造(復興)
主な関連施設	松前藩主松前家墓所(法幢寺)
スタンプ設置所	松前城資料館(復興天守)施設内

＊当該城郭では福山城を城名とし、松前城を別名としている。

日本100名城

No.4

弘前城《ひろさきじょう》

戦国の威風が漂う津軽氏の居城

青森県弘前市

主な遺構

天守《てんしゅ》、丑寅櫓《うしとらやぐら》、辰巳《たつみ》櫓、未申《ひつじさる》櫓、追手門《おうてもん》、東門、北門、南《みなみ》内《うち》門、東内門、本丸、北の郭《くるわ》、二の丸、三の丸、四の丸、西の郭、濠《ほり》、土塁《どるい》

見どころ

津軽《つがる》を平定した津軽為信《ためのぶ》の子信枚《のぶひら》が築城。本丸を二の丸以下の曲輪《くるわ》が囲むように縄張《なわばり》された輪郭式《りんかくしき》の城である。本丸のみ石垣《いしがき》が積まれ、他の曲輪は土塁で囲まれている。本丸には馬出《うまだ》しが残っている。

築城時の天守は五重だったが、落雷により焼失。江戸時代後期に本丸の辰巳櫓を改築して天守代用とした。これが現存する天守である。

▶二の丸丑寅櫓

二の丸北東に建つ三重三階の隅櫓《すみやぐら》。現存する3棟の隅櫓はすべて三重三階である。

▼北門(亀甲門《かめのこうもん》)

江戸時代初期から残る城門。枡形虎口《ますがたこぐち》は土塁で囲われている。

▶現存天守

現存12天守のひとつ。層塔型《そうとうがた》の三重三階《さんじゅうさんかい》で銅瓦葺《どうかわらぶ》き。多くの狭間《さま》と切妻破風《きりづまはふ》で装飾された二の丸と鉄扉付きの窓を大きくとった本丸側が対照的。現在、石垣修理のため本丸中央側へ移設中。

別名	鷹岡城
城地種類	平山城
築城年代	慶長16年(1611)
築城者	津軽信枚
主要城主	津軽氏
文化財史跡区分	国指定史跡、重要文化財9棟
近年の主な復元・整備	二の丸馬場跡
天守の現況・形態	層塔型　三重三階　木造(現存)
主な関連施設	史跡堀越城跡
スタンプ設置所	天守1階、11月24日～3月31日は弘前城情報館

＊平成26年(2014)秋より天守移動を伴う本丸東面の石垣修理工事を実施しており、天守は令和7年(2025)頃に元の位置に戻される見込み。

日本100名城

No.5

根《ね》城《じょう》

戦国末期の姿が甦《よみがえ》った南部氏の城

青森県八戸市

主な遺構

本丸・中館《なかだて》・東善寺館《とうぜんじだて》・岡前《おかまえ》館《だて》・沢里館《さわさとだて》・捨《す》て郭《ぐるわ》、堀、土《ど》塁《るい》

見どころ

根城は甲斐《かい》から陸奥《むつ》に移り住んだ南部《なんぶ》氏が、南北朝《なんぼくちょう》時代から戦国末期まで本拠とした城である。

昭和五三年(一九七八)から の発掘調査により、本丸ほか七つの曲輪で形成されていることが判明。その成果をもとに史跡公園として復原整備が行われている。

本丸主殿《しゅでん》や鍛冶《かじ》工房、馬屋、納屋《なや》、東門《ひがしもん》などが復原され、廃城前の安土桃山《あづちももやま》時代の根城の暮らしがうかがい知れる。

▶**復原された柵と堀**

本丸の周囲はこのように柵《さく》と空堀《からぼり》(薬《や》研堀《げんぼり》)で厳しく守られていた。

▼**南東上空から見た本丸跡**

中央のL字形をした建物が主殿で、周囲に鍛冶工房、中馬屋などが再建されている。

▶**復原された主殿**

曲屋《まがりや》様の主殿は接客や儀式の場として用いられた。建物内部の広間に正月の儀式の様子が人形で再現されている。また主殿の南には常御殿《つねごてん》、奥御殿《おくごてん》の掘《ほっ》立柱穴《たてばしらあな》も表示されている。

(写真提供＝3点とも八戸市博物館)

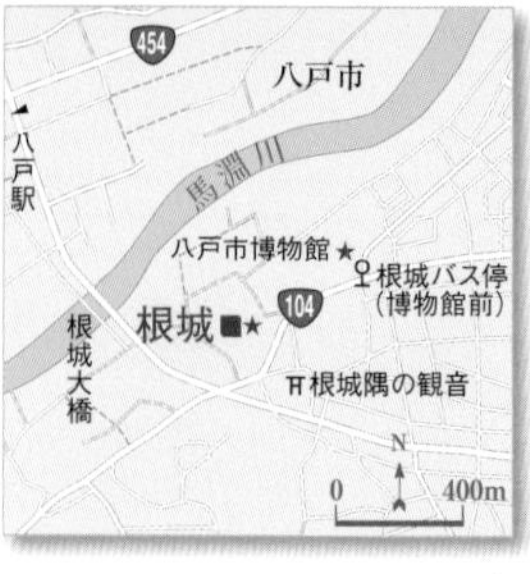

別名	―
城地種類	平城
築城年代	建武元年(1334)
築城者	南部師行
主要城主	南部氏
文化財史跡区分	国指定史跡
近年の主な復元・整備	平成6年に主殿・工房・鍛冶工房・板蔵・納屋・中馬屋・野鍛冶場・番所・井戸・塀・門・柵・木橋・四阿などを復原
天守の現況・形態	―
主な関連施設	八戸市博物館
スタンプ設置所	史跡根城の広場料金所、八戸市博物館受付、根城史跡ボランティアガイドハウス窓口

＊ボランティアガイドハウスは、冬期(12月～3月)は閉鎖。ガイドは要望があれば対応。

盛岡城《もりおかじょう》

南部氏が築いた総石垣の城

岩手県盛岡市

主な遺構

本丸、二ノ丸、三ノ丸、淡路《あわじ》丸《まる》、榊山稲荷曲輪《さかきやまいなりくるわ》、石垣、堀、彦御蔵《ひこおくら》

見どころ

盛岡城は南部信直《なんぶのぶなお》が三戸《さんのへ》から不来方《こずかた》へ本拠を移し、父子三代で築いた城である。

本丸、二ノ丸、三ノ丸が直線的に並ぶ連郭式《れんかくしき》の縄張《なわばり》で、曲輪間は空堀《からぼり》となっている。本丸には天守《てんしゅ》の代わりに三重《さんじゅう》の櫓《やぐら》が建っていたという。

盛岡城には主要建造物の遺構は残っていない。しかし、花崗岩《かこうがん》を加工した見事な石垣が残り、会津若松城《あいづわかまつじょう》と白河小峰城《しらかわこみねじょう》とともに東北の石垣造《いしがきづくり》の三名城として名高い。

▶彦御蔵

腰曲輪のそばに移築された土蔵《どぞう》。城内に唯一残る藩政時代の建造物。

▼堀跡

城がある丘陵地は良質の花崗岩《かこうがん》が多く、石切場《いしきりば》でもあった。

▶腰曲輪の石垣

粗く加工された打込接《うちこみはぎ》の石垣は高さ約12m。城内をていねいに見てゆくと、築城時の野面積《のづらづみ》の石垣も所々に残っていて、時代による変遷が楽しめる。

別名	不来方城[こずかたじょう]
城地種類	平山城
築城年代	慶長2～3年(1597～98)
築城者	南部信直・利直・重直
主要城主	南部氏
文化財史跡区分	国指定史跡
近年の主な復元・整備	昭和59年から本丸・二ノ丸・腰曲輪・淡路丸などの石垣を解体修理、平成28年に三ノ丸南東部石垣を修理
天守の現況・形態	天守台のみ残る
主な関連施設	ー
スタンプ設置所	もりおか歴史文化館

多《た》賀《が》城《じょう》

東北に築かれた律令国家の要《かなめ》の城

宮城県多賀城市

主な遺構

政庁地区建物跡、官衙《かんが》ブロック建物跡、門跡、築地塀《ついじべい》跡

見どころ

多賀城は奈良《なら》・平安時代に陸奥国《むつのくに》の国府《こくふ》が置かれ、奈良時代には鎮守府《ちんじゅふ》も併せ置かれるなど、古代東北の政治・文化・軍事の中心地となった城柵である。約九〇〇m四方に築地塀や材木塀がめぐり、中央に重要な政務や儀式を行う政庁があった。その周囲には行政実務を担う役所や兵舎、工房などが配置されていた。平安《へいあん》時代になると道路により区画された街並みが城外に形成され、国司《こくし》の邸宅などが発見されている。

▶政庁正殿跡
正殿跡は建物の規模がわかるように、基壇《きだん》が復元整備されている。

▼多賀城南門と政庁を結ぶ道路
丘陵部は掘削し、低湿地は盛土して造られた長さ約300mの道路で、最盛期には幅23mあったという。

▶多賀城政庁復元模型
藤原朝獦《ふじわらのあさかり》によって大改修された政庁第Ⅱ期の復元模型。政庁は8世紀の創建後11世紀まで3回建て替えられているが、中央の正殿《せいでん》、東西の脇殿《わきでん》、南門とこれらに囲まれた広場は一貫して位置が変わらなかった。
(写真提供＝東北歴史博物館)

別名	ー
城地種類	平山城(城柵)
築城年代	神亀元年(724)
築城者	大野東人
主要城主	ー
文化財史跡区分	国指定特別史跡
近年の主な復元・整備	ー
天守の現況・形態	ー
主な関連施設	多賀城廃寺跡、東北歴史博物館、多賀城市埋蔵文化財調査センター展示室
スタンプ設置所	多賀城跡管理事務所

＊東北歴史博物館は、旧石器時代から現代までの東北地方の歴史を模型などで展示しており、多賀城関係では政庁復元模型や多賀城跡からの出土品が展示されている。

日本100名城
No.8

仙台城《せんだいじょう》

独眼竜政宗が築いた天険の城

宮城県仙台市

見どころ

仙台城は中世の千代城《せんだいじょう》を改修し、伊達政宗《だてまさむね》が慶長《けいちょう》五年から二年余で築いた城である。

政宗は大規模な土木工事を行って青葉山《あおばやま》に石垣、土塁《どるい》で防御した本丸を築いた。天守《てんしゅ》はあげなかったが、本丸には御成門《おなりもん》や懸造《かけづくり》のほか、大広間《おおひろま》を中心とする御殿を建てた。平山城《ひらやまじろ》になるのは二代忠宗《ただむね》の二の丸造営以降である。

写真の高石垣《たかいしがき》のほかに埋門《うずみもん》と西門《とりのもん》の枡形虎口《ますがたこぐち》、本丸西の大堀切《おおほりきり》、さらに三の丸の水堀《みずぼり》と土塁など見どころが多い。

主な遺構

本丸大広間の遺構表示や、本丸跡含め城内名所に残る石垣

▶大手門脇櫓

大手門《おおてもん》は桃山《ももやま》様式の豪壮華麗な城門だったが戦災で焼失した。写真は復元された脇櫓《わきやぐら》。

▼本丸跡北壁の石垣モデル

上は17世紀後半～4代藩主綱村《つなむら》時代の加工石材を使用した切込接の石垣。下は17世紀初頭～初代藩主政宗時代の自然のままの石や粗割《あらわ》りした石を用いた野面《のづら》積《づみ》の石垣。

▶本丸跡の北壁石垣と大広間

伊達政宗像が建っている広場の北側石垣。切込接《きりこみはぎ》の石垣が高く積み上げられている。ここにはかつて本丸御殿の主要な建物である大広間や御成門《おなりもん》があった。（写真提供＝仙台市教育委員会）

別　名	青葉城
城地種類	山城→平山城
築城年代	慶長5年（1600）
築城者	伊達政宗
主要城主	伊達氏
文化財史跡区分	国指定史跡（一部、天然記念物「青葉山」と重複指定）
近年の主な復元・整備	平成9～16年に本丸跡北面石垣を修復、平成15年に地震で被災した中門跡・清水門跡石垣を復旧、平成23～27年に東日本大震災で被災した中門跡、清水門跡、本丸跡北西・西門跡石垣を復旧
主な関連施設	仙台市博物館、仙台城見聞館、青葉城資料展示館
スタンプ設置所	仙台城見聞館展示コーナー（本丸跡・ガイダンス施設）

日本100名城

No.9

久《く》保《ぼ》田《た》城《じょう》

佐竹氏が誇りをかけた土造《つちづくり》の城

秋田県秋田市

主な遺構

御物頭御番所《おものがしらごばんしょ》、本丸、二の丸、土塁《どるい》、石積《いしづみ》

見どころ

築城者佐竹義宣《さたけよしのぶ》は関ヶ原《せきはら》の戦い後、徳川家康《とくがわいえやす》ににらまれて常陸水戸《ひたちみと》から出羽秋田《でわあきた》に転封《てんぽう》させられた大大名《だいだいみょう》である。

一見するとつつましい城である。高い石垣はなく、土塁と水堀《みずぼり》と枡形《ますがた》の出入り口で守りを固めている。しかし、広く深い水堀を三重にめぐらし、土塁を高くした縄張《なわばり》のこの城には、土《つち》の城《しろ》を得意とする義宣の自負が込められていよう。

城には天守《てんしゅ》がなく、本丸南西隅の書院風二階建ての御出《おだし》書院《しょいん》で代用していた。

▶内側から見た表門

発掘調査や絵図をもとに再建された木造、瓦葺《かわらぶ》きの本丸正門(一ノ門)。木造の櫓門《やぐらもん》ではあるが威風が漂う。土塁下部は土留めの石垣になっている。外側階段下に唯一の現存遺構の御物頭御番所がある。

▼大手門前の水堀

往時は三の丸の水堀が広く城域を囲んでいた。土塁と堀で防御する関東の中世城郭の縄張術が生かされていたのである。

▶御隅櫓《おすみやぐら》

平成元年(1989)、本丸北西隅に市制百周年を記念して建てられた鉄筋コンクリート造の三重四階櫓。本来は二重櫓であって物見《ものみ》、新兵具庫《しんひょうぐこ》を兼ねていた。

別名	矢留城
城地種類	平山城
築城年代	慶長8年(1603)
築城者	佐竹義宣
主要城主	佐竹氏
文化財史跡区分	市指定文化財1件
近年の主な復元・整備	平成13年(2001)に表門を再建
天守の現況・形態	ー
主な関連施設	秋田市立佐竹史料館、御物頭御番所
スタンプ設置所	秋田市立佐竹史料館、久保田城御隅櫓

＊御隅櫓内に久保田城の復元模型が展示されている(秋田市立佐竹史料館蔵)。

山形城《やまがたじょう》

最上義光が整備した輪郭式巨城

山形県山形市

主な遺構

本丸、二ノ丸、石垣、堀、土塁《どるい》

見どころ

斯波《しば》氏の居城をその後裔《こうえい》最《も》上義光《がみよしあき》が江戸時代初頭に大規模に拡張し、その後鳥居《とりい》忠政《ただまさ》が入ってさらに改修した。

縄張《なわばり》はほぼ正方形の本丸を中心に二ノ丸と三ノ丸が同心円状に取り囲む巨大な輪郭式《りんかくしき》で、天守《てんしゅ》は築かれていない。

山形城は虎口《こぐち》付近を除き、基本的には土塁と水堀《みずぼり》で守りを固めた城である。藩政期から残る二ノ丸の堀と土塁、四つの内枡形《うちますがた》の虎口を見ればよく理解できるだろう。なお三ノ丸の遺構は市内に数か所残っている。

▶**復元された本丸一文字門**

外枡形《そとますがた》の虎口はこの1か所だけである。大手橋を渡り、右折して櫓門を通り本丸に入る。虎口まわりは石垣で堅固にしている。

▼**二ノ丸堀の屈折**

二ノ丸東大手門の北側にある。大手門の橋に横矢《よこや》をかけるために張り出している。二ノ丸の堀と土塁はこうした屈折箇所を多くし、防御力を高くしている。

▶**二ノ丸東大手門**

史実に基づき復原された二ノ丸東大手《ひがしおおて》門《もん》は、高麗門《こうらいもん》、櫓門《やぐらもん》、続櫓《つづきやぐら》などからなり、近世城郭の枡形門の典型的な形状を見ることができる。

別名	霞ヶ城
城地種類	平城
築城年代	延文2年(1357)、文禄元年(1592)、元和9年(1623)
築城者	斯波兼頼、最上義光、鳥居忠政
主要城主	斯波氏、最上氏、鳥居氏、保科氏、松平(越前)氏、松平(奥平)氏、奥平氏、堀田氏、松平(大給)氏、秋元氏、水野氏
文化財史跡区分	国指定史跡
近年の主な復元・整備	平成15年に本丸一文字門の石垣、平成17年に本丸一文字門の大手橋、平成26年に本丸一文字門高麗門、枡形土塀を復元
主な関連施設	長谷堂城跡公園、成沢城跡公園、最上義光歴史館、山形市郷土館
スタンプ設置所	最上義光歴史館、山形市郷土館受付窓口、二ノ丸東大手門櫓内部(4月上旬~11月上旬)

＊山形市は本丸御殿および本丸一文字櫓の復原を計画しており、写真や立面図などの建物の外観を裏付ける史料の提供を求めています。　連絡先：山形市まちづくり政策部公園緑地課　電話023-641-1212(内線529)

二本松城《にほんまつじょう》

中世と近世が同居する石垣の城

福島県二本松市

主な遺構

本丸、三の丸、石垣、屋敷跡、蔵跡、井戸跡

見どころ

二本松城は畠山満泰《はたけやまみつやす》が築いた中世の山城《やまじろ》がはじまりである。後年、加藤《かとう》氏が近世城郭に改修し、さらに丹羽《にわ》光重《みつしげ》が入封《にゅうほう》して山麓に三の丸御殿や箕輪門《みのわもん》を建て、城下町を整備した。つまり二本松城は山上に中世山城、山麓に近世城郭と二つの顔を持っている城なのである。

見どころは本丸、三の丸の高石垣《たかいしがき》と本丸直下の大石垣《おおいしがき》である。本丸石垣は新しい石垣があることを頭に入れておきたい。日影《ひかげ》の井戸も一見を。

▶本丸跡
本丸には天守台《てんしゅだい》も再現されているが、天守が築かれたことは確認されていない。左に見えるのは東櫓台《ひがしやぐらだい》。櫓台脇の階段をおりたところが枡形虎口《ますがたこぐち》。

▼本丸石垣
角面の石垣から蒲生《がもう》氏、加藤氏、丹羽氏の石《いし》積《づみ》が認められている。手前の大きく張り出している部分は東櫓台の石垣。

▶再建された多門櫓《たもんやぐら》（左）と箕輪門（中央）・二階櫓（右）
山麓の御殿表門《おもてもん》跡に再建された枡形になった門。昭和57年（1982）に再建。ただし現存する絵図には二階櫓《にかいやぐら》は描かれていない。

別名	霞ヶ城、霧ヶ城
城地種類	山城→平山城
築城年代	応永21年（1414）、天正18年（1590）、寛永4年（1627）、寛永20年（1643）
築城者	畠山満泰、蒲生氏郷、加藤明利、丹羽光重
主要城主	畠山氏、伊達氏、蒲生氏、上杉氏、加藤氏、丹羽氏
文化財史跡区分	国指定史跡、県指定重要文化財1件、市指定文化財3件
近年の主な復元・整備	平成5～7年（1993～95）に本丸石垣を修築復元
天守の現況・形態	天守台のみ残る
主な関連施設	「にほんまつ城報館」、「旧二本松藩戒石銘碑」（国指定史跡）
スタンプ設置所	「にほんまつ城報館」、JR「二本松」駅構内観光案内所

会津若松城《あいづわかまつじょう》

福島県会津若松市

蒲生氏郷が築いた奥州支配の要《かなめ》の城

主な遺構

本丸、二の丸、三の丸の一部、北出丸《きたでまる》、西出丸《にしでまる》、石垣、堀

見どころ

豊臣秀吉《とよとみひでよし》の命令で奥州《おうしゅう》の押さえとして黒川城《くろかわじょう》に入った蒲《がも》生《う》氏郷《うじさと》は大改造を行い、初めての天守《てんしゅ》を築き、名を若松《わかまつ》に改めた。天守は後に加藤《かとう》氏により五重に改修された。

本丸を取り囲む三つの曲輪《くるわ》で守る雄大なスケールの実戦的縄張《なわばり》が特徴だ。戊辰《ぼしん》戦争を耐え抜いた堅城は丹念に見るに限る。大手門《おおてもん》と北出丸の縄張と石垣などや、干飯櫓《ほしいやぐら》から月見櫓《つきみやぐら》にかけて雁行《がんこう》する石垣が見事である。天守台石垣は蒲生氏時代からの野面積《のづらづみ》。

▶表門(鉄門)
帯曲輪《おびぐるわ》から本丸の奥御殿に通じる多聞《たもん》櫓門《やぐらもん》。扉、柱が鉄で包まれていたことから鉄門《くろがねもん》と称される。

(写真提供＝上下2点、会津若松市観光課)

▼武者走《むしゃばしり》の石段
大手門である太鼓門への出入り用。

▶天守と走長屋
いずれも再建。平成23年(2011)に既存の建物の屋根が赤瓦に葺《ふ》き替えられたことで、天守・走長屋《はしりながや》・鉄門・南走長屋《みなみはしりながや》・干飯櫓のすべてが赤瓦葺きになり、江戸《えど》時代末期の姿に一新された。

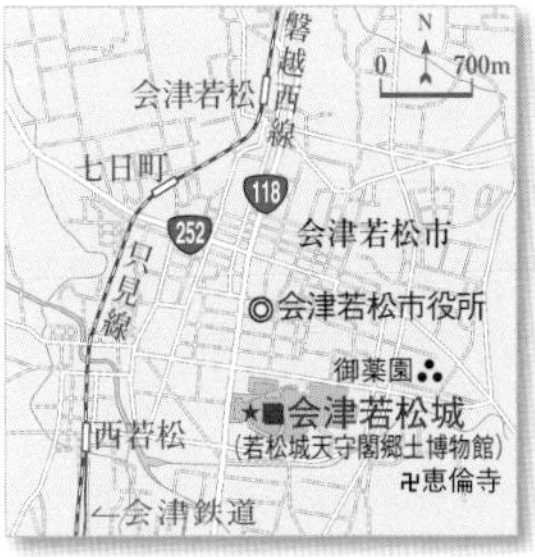

別名	鶴ヶ城
城地種類	平山城
築城年代	至徳(元中)元年(1384)、文禄元年(1592)、寛永16年(1639)
築城者	葦名直盛、蒲生氏郷、加藤明成
主要城主	葦名氏、蒲生氏、加藤氏、松平(保科)氏
文化財史跡区分	国指定史跡
近年の主な復元・整備	平成13年に干飯櫓・南走長屋を復元、平成23年に赤瓦に葺き替え
天守の現況・形態	層塔型　五重五階　鉄筋コンクリート造(再建)
主な関連施設	茶室麟閣、若松城天守閣郷土博物館
スタンプ設置所	天守閣内売店カウンター

＊当該城郭では史跡名称である「若松城」を城名としている。
茶室麟閣は千利休の子少庵が城内に建てた茶室。

日本100名城

No.13

白《しら》河《かわ》小《こ》峰《みね》城《じょう》

福島県白河市

名築城家丹羽氏が築いた石垣多用の城

主な遺構

本丸、竹之丸、帯曲輪《おびぐるわ》、二之丸、石垣、堀

見どころ

江戸時代に丹《に》羽《わ》長重《ながしげ》が大改修した城郭の見どころは、なんといっても見事な石垣である。本丸内部からだけでなく、北側の水堀《みずぼり》越しから落葉時によく見える帯曲輪の石垣も見事である。

清水門《しみずもん》跡を入って突き当たりの高石垣の左やや上方に半同心円状に積まれた部分がある。この部分を含め一〇か所の石垣が平成二三年(二〇一一)の東日本大震災で崩れたが、平成三一年(二〇一九)春に被災箇所の復旧が完了した。

▶二之丸からのぞむ石垣

石垣が長々と続き、往時は石垣上に櫓《やぐら》が林立していた。

▼桜門跡前の石段

狭い石段を上り右に曲がると両側を石垣ではさまれた通路で、背後と合わせて三方から敵を制圧できる。

▶復元された三重櫓と前御門

天守《てんしゅ》の代用だった三重櫓《さんじゅうやぐら》は、江戸時代の絵図などに基づいて木造で復元された。前御門《まえごもん》は本丸の大手口《おおてぐち》にあたる。

別名	小峰城、白河城
城地種類	平山城(梯郭式)
築城年代	興国~正平年間(1340~69)、寛永6~9年(1629~32)
築城者	結城親朝、丹羽長重
主要城主	白河結城氏、丹羽氏、榊原氏、本多氏、松平(奥平)氏、松平(結城)氏、松平(久松)氏、阿部氏
文化財史跡区分	国指定史跡
近年の主な復元・整備	平成3年に三重櫓を復元、平成6年に前御門を復元
天守の現況・形態	ー
主な関連施設	小峰城歴史館
スタンプ設置所	三重櫓、二ノ丸茶屋、(公財)白河観光物産協会、小峰城歴史館

＊小峰城歴史館では、小峰城の歴史や想定復元CG映像、ジオラマ、歴代城主関係の資料が展示されている。

水戸城《みとじょう》

土塁と堀で守られた御三家の城

茨城県水戸市

主な遺構
薬医門《やくいもん》、切通《きりどお》し、堀

見どころ
鎌倉《かまくら》時代に馬場《ばば》氏が築いた館《やかた》を佐竹義宣《さたけよしのぶ》が大改修し、さらに徳川頼房《とくがわよりふさ》(家康《いえやす》の十一男)が入城して御三家《ごさんけ》にふさわしい城に改築した城である。

台地上の最高所に本丸を築き、二の丸、三の丸を連郭式《れんかくしき》に配した縄張《なわばり》である。また石垣を用いず、土塁《どるい》と堀のみで守りを固めている。三の丸の空堀《からぼり》や二の丸と本丸の間のJR水郡線《すいぐんせん》が走る深い堀底を見れば、防御力の高さがわかるだろう。令和二年(二〇二〇)、水戸城の正門にあたる大手門《おおてもん》の復元整備が完成した。

▶大手門
大手門《おおてもん》は土塁で囲った枡形《ますがた》門だった。幕末のことだが、この大手橋《おおてばし》周辺で佐《さ》幕《ばく》派と倒幕派が激闘を繰りひろげている。

▼三の丸跡の空堀
空堀の深さ、土塁の高さ、法面《のりめん》の角度を見ると土造《つちづくり》の城の魅力を満喫できる。

▶本丸跡に残る橋詰門
佐竹氏が建てたものであり、現存する最古の遺構が薬医門《やくいもん》(橋詰門《はしづめもん》)である。本丸跡の県立水戸第一高校内に移築されている。

別名	馬場城
城地種類	平山城
築城年代	12世紀後半、文禄2年(1593)、寛永2年(1625)
築城者	馬場資幹、佐竹義宣、徳川頼房
主要城主	馬場氏、江戸氏、佐竹氏、武田氏、徳川氏
文化財史跡区分	国指定特別史跡(弘道館)、県・市指定文化財(水戸城跡)
近年の主な復元・整備	令和2年(2020)に大手門を復元。令和3年(2021)に二の丸角櫓を復元
天守の現況・形態	―
主な関連施設	弘道館、偕楽園
スタンプ設置所	弘道館料金所窓口(12月29日～31日休館)

＊弘道館は徳川斉昭が天保12年（1841）に水戸城三の丸に設けた藩校である。現在は正庁、至善堂、正門などが現存している。

足利氏館《あしかがしやかた》

中世地方武士の居館の典型

栃木県足利市

主な遺構

堀、土塁《どるい》

見どころ

館《やかた》は平安時代末期から鎌倉時代はじめに足利義兼《よしかね》によって築かれたといわれている。義兼は館内に持仏堂《じぶつどう》を建立《こんりゅう》、これが鑁阿寺《ばんなじ》の始まりである。のちに尊氏《たかうじ》が室町《むろまち》幕府を開くと鑁阿寺は足利氏発祥の地、そして氏寺として尊崇され厚い保護を受けた。堀、土塁が往時の姿をよくとどめているのはこのためであろう。

館は周囲を水堀と土塁で囲まれ、中世地方武士の居館「方形居館《ほうけいきょかん》」の形状がよく残っている。鑁阿寺本堂、多宝塔《たほうとう》なども見ておこう。

▶鑁阿寺本堂

正安《しょうあん》元年(1299)に再建され、鎌倉時代の代表的寺院建築として国宝に指定されている。

▼太鼓橋と山門

太鼓橋《たいこばし》は栃木県内唯一の唐破風《からはふ》様の屋根がついた橋で、江戸時代に再建された。うしろの山門《さんもん》は13代将軍足利義輝《よしてる》が再建した八脚楼門《はっきゃくろうもん》。

▶堀と土塁

堀と土塁で防御された中世武士の館の形状がよくわかる。

別名	―
城地種類	平城
築城年代	平安時代末期～鎌倉時代初期
築城者	足利義兼
主要城主	源氏、足利氏
文化財史跡区分	史跡・鑁阿寺[ばんなじ]の建造物として国宝1棟、重要文化財2棟、県・市指定のものが多数ある
近年の主な復元・整備	―
天守の現況・形態	―
主な関連施設	鑁阿寺、足利学校
スタンプ設置所	鑁阿寺本堂内寺務所

No.16

箕輪城《みのわじょう》

激戦地に生まれた極致の縄張

群馬県高崎市

主な遺構

堀、石垣、土塁《どるい》

見どころ

巨大な堀と土塁そして巧緻《こうち》な縄張《なわばり》の堅固な土造《つちづくり》の城であったが、最後に入った徳川《とくがわ》家康《いえやす》の譜代《ふだい》井伊《いい》直政《なおまさ》によって石を用いた近世城郭に大改修されている。

見どころの一つは二の丸から鍛冶曲輪《かじぐるわ》の南側に掘られた大堀切《おおほりきり》だ。幅三〇m、深さは現況で九mもあり、城を南北に二分している。

このほか、中世から近世への過渡期の特徴をよく備えた郭馬出《かくうまだし》西虎口門の復元が平成二八年(二〇一六)に完成し、見学できるようになった。

▶本丸跡

四方を空堀に囲まれていた厳重な曲輪であった。

▼復元された郭馬出西虎口門

平成14年度の発掘調査で礎石すべてが残っているのが確認され、その成果等に基づいて、門の建物構造を検討し、平成28年に復元が完成した。

▶三の丸石垣

鍛冶曲輪《かじぐるわ》にも石垣が残っているが、この場所の石垣は特に残りがよい。

別名	―
城地種類	平山城
築城年代	15世紀後半～16世紀前半頃、永禄10年（1567)、天正15年(1587)、天正18年(1590)
築城者	長野業尚、武田信玄、北条氏邦、井伊直政
主要城主	長野氏、武田氏、織田氏、小田原北条氏、徳川氏
文化財史跡区分	国指定史跡
近年の主な復元・整備	平成28年に郭馬出西虎口門復元
天守の現況・形態	―
主な関連施設	―
スタンプ設置所	箕郷(みさと)支所受付

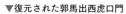

金山城《かなやまじょう》

総石造の巨大な戦国の山城

群馬県太田市

主な遺構

大手虎口《おおてこぐち》、馬場曲輪《ばばぐるわ》、南曲輪などの曲輪《くるわ》、堀切《ほりきり》、石垣、土《ど》塁《るい》

見どころ

金山山頂の実城《みじょう》(本丸)を中心にそこから伸びる尾根を削平して曲輪を造り、堀切・土塁で堅く守った山城である。

驚嘆するのは、あらゆる所に石を用いていることだ。通路は石敷きであるし、土塁とは称するものの、石積みされている。

大手虎口、二つの池などが復元整備されており、また竈《かまど》などの遺構も表示されているので、労を惜しまず見て回るとよい。

▶日ノ池《ひのいけ》
御台所《みだいどころ》曲輪の下にある。復元整備されたこの池は、出土品から築城以前から神聖な場であったと考えられている。

▼三ノ丸から見た土塁石垣
石敷きの大手通路を進むと正面の石積みの土塁に突き当たり、道は折れ曲がって次の虎口《こぐち》へ続く。堅固な造りがよくわかる。

▶復元整備された大手虎口
石で埋めつくされた大手の通路。両側は脇曲輪《わきぐるわ》で、その奥に壁のように立ちはだかっているのが土塁石垣。

別名	ー
城地種類	山城
築城年代	文明元年(1469)
築城者	岩松家純
主要城主	岩松氏、由良氏、小田原北条氏
文化財史跡区分	国指定史跡
近年の主な復元・整備	日ノ池から物見台周辺の復元整備を始め、西矢倉台園路整備、西城・見附出丸保護整備を実施
天守の現況・形態	ー
主な関連施設	史跡金山城跡ガイダンス施設
スタンプ設置所	史跡金山城跡(中島記念公園)の南曲輪休憩施設内

日本100名城

No.18

鉢形城《はちがたじょう》

埼玉県大里郡寄居町

二つの川を堀とした北武蔵の堅城

主な遺構

本曲輪《ほんぐるわ》(伝御殿《ごてん》下曲輪・笹曲《ささぐる》輪《わ》)、二の曲輪、三の曲輪(伝秩父曲輪《ちちぶぐるわ》・伝逸見曲輪《へんみぐるわ》)、外《そと》曲輪《ぐるわ》、石積土塁《いしづみどるい》、堀、庭園

見どころ

鉢形城は荒川《あらかわ》と深沢川《ふかさわがわ》に挟まれた河岸段丘上にある。曲輪がつらなる連郭式《れんかくしき》の平山城《ひらやまじろ》だが、縄張《なわばり》の巧緻《こうち》さは目を見張るものがある。小田原合戦のときの、前田《まえだ》・上杉《うえすぎ》・真田《さなだ》・本多《ほんだ》氏らとの籠城《ろうじょう》戦でその堅固さは実証されている。

空堀《からぼり》だけでなく、三の曲輪と二の曲輪の馬出《うまだし》や深沢川の対岸にある外曲輪まで足を伸ばしてほしい。

▶鉢形城遠景

鉢形城は荒川と深沢川の間の切り立った崖の上の天然の要害につくられ、鳥も窺《うかが》い難し、と謳《うた》われた。写真手前の川が荒川である。

▼内堀の役割を果たした深沢川

鉢形城は荒川の支流である深沢川を内堀に取り込んでおり、景観もすばらしい。

▶復元された四脚門

鉢形城跡は発掘調査に基づき四脚門などが復元整備され、平成16年(2004)に「鉢形城公園」としてオープンした。

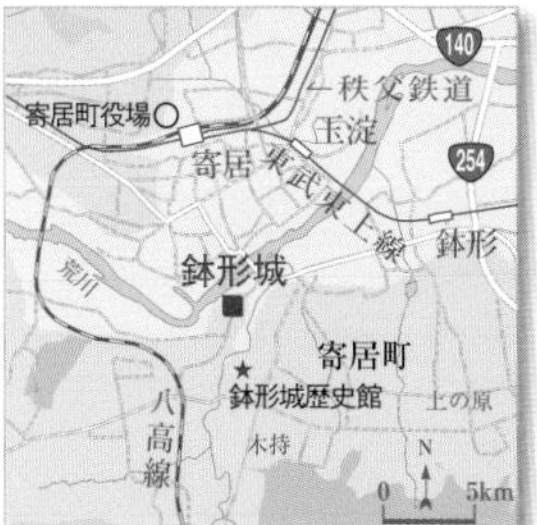

別名	ー
城地種類	平山城
築城年代	文明8年(1476)、永禄年間(1558〜1570)
築城者	長尾景春、北条氏邦
主要城主	長尾氏、上杉氏、小田原北条氏
文化財史跡区分	国指定史跡
近年の主な復元・整備	平成16年に笹曲輪・二の曲輪の一部・三の曲輪の一部を発掘調査の成果を基に復元整備(四阿、池、土塁、馬出)
天守の現況・形態	ー
主な関連施設	鉢形城歴史館
スタンプ設置所	鉢形城歴史館受付(時間外及び休館日は駐車場正門)

＊鉢形城歴史館では鉢形城地形模型や復元された中世の櫓門などを見ることができる。

川越城《かわごえじょう》

江戸の背後を守る拠点城郭

埼玉県川越市

主な遺構

本丸御殿、家老詰所《かろうつめしょ》、富士見《ふじみ》櫓《やぐら》跡、中ノ門堀跡、土塁《どるい》

見どころ

川(河)越城は扇谷上杉《おうぎがやつうえすぎ》氏の家宰《かさい》太田《おおた》道真《どうしん》・道灌《どうかん》父子が築城したことに始まる。江戸入府後、この城を重視した徳川《とくがわ》家康《いえやす》は譜代《ふだい》の家臣を入城させた。

大改修が行われたのは松平《まつだいら》信綱《のぶつな》のときである。信綱は城域を拡大して近世城郭に変貌させるとともに、城下町を整備した。遺構は別記のように少ないが、城下町のたたずまいは今も残る。御殿近くの三《み》芳野《よしの》神社は、童歌《わらべうた》『とおりゃんせ』発祥の地と伝わる。

▶中ノ門堀跡

敵の進路を阻むように組み合わせた３つの堀のうちのひとつ。平成21年(2009)、構築当初の規模(幅18m、深さ7m)及び勾配に整備された。

▼富士見櫓跡

富士見櫓は三重三階または二重二階だったと推定されている。城中では最大の櫓で天守《てんしゅ》代わりに使われた。

▲本丸御殿

豪壮な大唐《おおから》破《は》風《ふ》屋根の車寄《くるまよせ》(玄関)をそなえ、内部の大広間などが一般に公開されている。御殿の棟続きに家老詰所も移築復原されている。

別名	初雁城、霧隠城
城地種類	平山城
築城年代	長禄元年(1457)、承応2年(1653)頃
築城者	太田道真・道灌、松平信綱・輝綱
主要城主	上杉(扇谷)氏、酒井氏、堀田氏、松平(大河内)氏、柳沢氏、秋元氏、松平(越前)氏、松平(松井)氏
文化財史跡区分	県指定史跡
近年の主な復元・整備	平成20～23年、本丸御殿保存修理工事
天守の現況・形態	―
主な関連施設	川越市立博物館
スタンプ設置所	川越城本丸御殿受付窓口

＊川越市立博物館には、川越城関係として江戸時代の城下町模型などが展示されている。

佐《さ》倉《くら》城《じょう》

巨大な角馬出を持つ土の城

千葉県佐倉市

主な遺構

天守台《てんしゅだい》、堀、土塁《どるい》、角馬出《かくうまだし》、出《で》丸《まる》跡

見どころ

佐倉城は石をいっさい用いず、土塁と深い空堀《からぼり》そして水《みず》堀《ぼり》で守られた土造《つちづくり》の近世城郭である。椎木門《しいのきもん》跡の前面にある角馬出は、発掘調査をもとに復元されており、その威容を実感できる。

また湿地帯に掘られた水堀が本丸台地を巡り、本丸の南北には馬出のように突き出した出丸が構築されている。

佐倉城主は幕府中枢を占めた者が多かったこともあってか、豪壮な殿舎《でんしゃ》や櫓《やぐら》などの存在をうかがわせる遺構もある。

▶**水堀と出丸**

残存状態がよく、見て回れば、枡形《ますがた》状になっているのがわかる。

▼**天守台と土塁**

天守台(奥の生垣部分)はその後方の土塁とセットになっていて、三重の天守は1階の一部が土塁に懸《かけ》かっていた(懸造《づくり》)という。

▶**角馬前面の空堀**

国立歴史民俗博物館前、三の丸北側に巨大な角馬出(右が馬出部)が復元されている。かつては現在よりもっと深い空堀だったという。

別名	鹿島城
城地種類	平山城
築城年代	天文年間(1532〜55)?、慶長16年(1611)
築城者	千葉氏?、土井利勝
主要城主	土井氏、石川氏、松平(形原)氏、堀田氏、松平(大給)氏、大久保氏、戸田氏、稲葉氏
文化財史跡区分	市指定史跡
近年の主な復元・整備	
天守の現況・形態	
主な関連施設	国立歴史民俗博物館、佐倉武家屋敷
スタンプ設置所	佐倉城址公園管理センター、国立歴史民俗博物館

＊国立歴史民俗博物館には佐倉連隊の復元模型および関係資料を常時展示。佐倉武家屋敷には藩士の住居と関連資料を常時公開。

江戸城《えどじょう》

将軍の城は日本最大の城

東京都千代田区

主な遺構

櫓《やぐら》(伏見櫓《ふしみやぐら》、桜田巽櫓《さくらだたつみやぐら》など)、城門(外桜田門《そとさくらだもん》、清水門《しみずもん》、田《た》安門《やすもん》など)、番所《ばんしょ》、本丸、二の丸、三の丸、西の丸、北の丸、石垣、濠《ほり》

見どころ

江戸城は総構《そうがまえ》を入れると千代田区がすっぽり収まるほど巨大な城である。櫓は右に記した櫓のほかには富士見多聞《ふじみたもん》櫓《やぐら》が、門は桜田門など江戸時代のものが残っている。

また、北の丸(北の丸公園)、本丸、二の丸、三の丸(皇居東御苑《ひがしぎょえん》)は一部見学ができる。詳しくは宮内庁「皇居東御苑」、環境省「皇居外苑」のホームページなどで確認。

▶天守台
天守《てんしゅ》は明暦《めいれき》の大火(1657年)で焼失し、以後造営されなかった。石垣がまだらなのは八代将軍吉宗《よしむね》の代に焼けた伊豆石をはずし、小豆島《しょうどしま》の御影石《みかげいし》を加えて石積みをやり直したため。

▼桜田濠と桜田門
城同様に濠はあくまで広い。内濠《うちぼり》を一周するだけでその土木量の巨大さ、防御力などを実感できる。

▶富士見櫓
城内に現存する唯一の三重櫓《さんじゅうやぐら》。天守《てんしゅ》焼失後は天守の代用とされ、どの方向から見ても美しいことから「八方正面《はっぽうしょうめん》の櫓」とも称される。

別名	千代田城
城地種類	平城
築城年代	長禄元年(1457)、慶長11年(1606)、元和8年(1622)、寛永14年(1637)
築城者	太田道灌、徳川家康、徳川秀忠、徳川家光
主要城主	太田氏、小田原北条氏、徳川氏
文化財史跡区分	国指定特別史跡、国指定史跡、重要文化財6件、都指定重要文化財多数
近年の主な復元・整備	平成17年に本丸北東部(潮見坂から梅林坂周辺)石垣を修復
天守の現況・形態	天守台のみ残る
主な関連施設	―
スタンプ設置所	楠公休憩所、和田倉休憩所、北の丸休憩所

八王子城《はちおうじじょう》

豊臣秀吉の侵攻を意識した大城

東京都八王子市

主な遺構

本丸、松木曲輪《まつきぐるわ》、小宮曲輪《こみやぐるわ》、御主殿跡《ごしゅでんあと》、石垣、土塁《どるい》、井戸、堀切《ほりきり》

見どころ

八王子城は北条氏康《ほうじょううじやす》の三男氏照《うじてる》によって築城された山城《やまじろ》である。小田原北条氏《おだわらほうじょう》の支城では最大規模の城で、築城技術の到達点を示す城と評されている。城は本丸を中心とした要害《ようがい》地区と山麓の居館地区、さらに外郭《がいかく》の防御施設で構成されている。山中には堀切、石垣などが残り、御主殿跡などの復元整備が進んでいる。ハイキングコースに従い城跡をたどれば、小田原北条氏の築城術と規模を体感できる。

▶馬冷しの堀切
本丸と「大天守《だいてんしゅ》」の間にある大堀切《おおほりきり》。秀吉軍の侵攻を意識した縄張《なわばり》になっている。

▼本丸跡
山頂の曲輪が本丸跡。狭いので大きな建物はなかったようである。なお、城は未完の状態で豊臣《とよとみ》軍に攻められ落城している。

▶御主殿跡入口の石段
麓の御主殿一帯は石垣が多用されていて、北条氏の石垣を知るのに好例である。冠木門《かぶきもん》は当時のイメージを出すために建てたもの。

(写真提供＝八王子市教育委員会)

別名	―
城地種類	山城
築城年代	天正10年(1582)以降?
築城者	北条氏照
主要城主	小田原北条氏
文化財史跡区分	国指定史跡
近年の主な復元・整備	平成2年に御主殿虎口・曳橋・古道を整備、平成24、26年度に御主殿跡を復元的整備
主な関連施設	北条氏照と家臣の墓
スタンプ設置所	ガイダンス施設

＊管理棟(八王子市元八王子町3-2715-2)から本丸へのハイキングには約30分を要す。管理棟近くに屋外地形模型があり、また平成24年に完成したガイダンス施設が、城の全容の理解を助けるだろう。

日本100名城

No.23

小田原城《おだわらじょう》

東海道の要衝《ようしょう》を守った堅城

神奈川県小田原市

主な遺構

本丸、二の丸の大部分、三の丸の一部、総構《そうがまえ》の一部

見どころ

小田原城は豊臣秀吉《とよとみひでよし》に滅ぼされた小田原北条《ほうじょう》氏の居城だった。後年稲葉《いなば》氏の大改修によって、近世城郭に生まれ変わった。大手門《おおてもん》跡(三の丸。今は鐘《しょう》楼《ろう》がある)から復元された馬《うま》出門《だしもん》、馬屋曲輪《うまやくるわ》、銅門《あかがねもん》、二の丸、常盤木門《ときわぎもん》、本丸への登城ルートを歩けば、近世小田原城の縄張《なわばり》がわかりやすい。JR東海道線の北側に八幡山古《はちまんやまこ》郭《かく》東曲輪《ひがしくるわ》が史跡公園として開園し、ここから西の小峯御鐘《こみねおかね》ノ台《だい》には小田原北条氏が造った総構の大堀切《おおほりきり》、土塁《どるい》が残る。

▶天守《てんしゅ》

江戸時代の資史料をもとに昭和35年(1960)に再建されているが、高欄《こうらん》を付けるなど、細部は異なる。

▼常盤木門

本丸の正門で昭和46年(1971)に再建。常盤木門(櫓門)の奥は枡形《ますがた》である。本丸側から撮影。

▶銅門

二の丸の正門にあたる枡形門《ますがたもん》。手前の内仕切門《うちしきりもん》から入り、枡形内で90度左折して奥の銅門(櫓門《やぐらもん》)を抜ける。

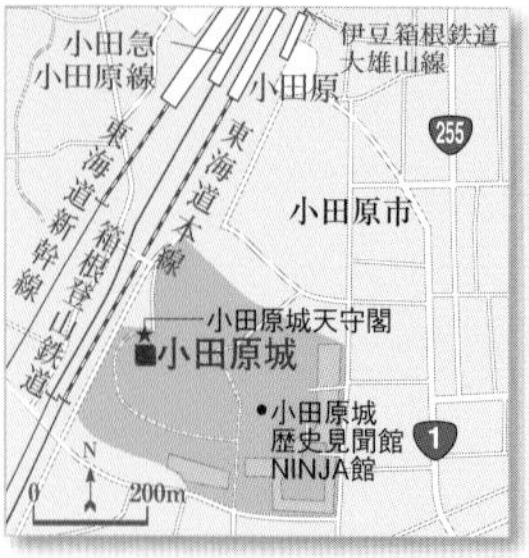

別名	―
城地種類	平山城
築城年代	15世紀中頃
築城者	大森氏
主要城主	大森氏、小田原北条氏、大久保氏、稲葉氏
文化財史跡区分	国指定史跡
近年の主な復元・整備	平成2年に住吉堀と住吉橋、平成9年に銅門、平成21年に馬出門を復元。平成23年から御用米曲輪を整備中
天守の現況・形態	層塔型　三重四階　鉄筋コンクリート造(復興)
主な関連施設	小田原城歴史見聞館 NINJA館、常盤木門 SAMURAI館
スタンプ設置所	天守閣1階

＊戦国大名北条氏は鎌倉幕府の執権だった北条氏と区別するため、小田原北条氏と表記している。

武田氏館《たけだしやかた》

戦国の雄、武田氏三代の居館

山梨県甲府市

主な遺構
主郭《しゅかく》(東曲輪《ひがしくるわ》・中曲輪)、西曲輪、北曲輪、土塁《どるい》、堀、大手《おおて》東の土塁

見どころ
主郭・西曲輪を囲む広い堀が一番の見どころだが、西曲輪の南北にある武田《たけだ》氏特有の枡形《ますがた》虎口《こぐち》や大手東側の復元石《せき》塁《るい》も見ておきたい。大手東側には武田氏滅亡後、総堀《そうぼり》と土塁で囲まれた曲輪が造られており、現在は土塁と堀が復元されている。

中曲輪北西隅に豊臣《とよとみ》期に造られたであろう天守台《てんしゅだい》があるが、見学できない。甲府城《こうふじょう》と見比べると中世と近世の城郭の違いがよくわかるだろう。

▶西曲輪の枡形虎口
土橋《どばし》を渡って曲輪に入る通路を折り曲げて造り、両側を土塁で防御していた。

▼大手虎口前の復元土塁
館の大手虎口前の曲輪跡に復元された土塁。写真手前の地中には武田氏特有の丸馬出《まるうまだし》の一部である三日月堀《みかづきぼり》があったことが確認されている。

▶水堀
館は土塁と水堀で囲まれ、馬出《うまだし》や厳重な虎口《こぐち》を備えており、城としての機能を十分に持っていた。

別名	躑躅ヶ崎館[つつじがさきやかた]
城地種類	平城
築城年代	永正16年(1519)
築城者	武田信虎
主要城主	武田氏
文化財史跡区分	国指定史跡
近年の主な復元・整備	近年、毎年のように調査、整備が行われている
天守の現況・形態	ー
主な関連施設	武田神社、同神社宝物殿など。周辺には武田氏に関わる神社仏閣多数。また、神社南側には甲府市武田氏館跡歴史館(信玄ミュージアム　火曜日休館)がある。
スタンプ設置所	武田神社宝物殿(水曜日休館)、同神社授与所

＊武田神社のある主郭部および周辺地域を含め史跡に指定されている。

甲府城《こうふじょう》

秀吉が築き家康が重視した石の城

山梨県甲府市

主な遺構

本丸、二の丸、人質曲輪《ひとじちぐるわ》、天《てん》守曲輪《しゅぐるわ》、帯曲輪《おびぐるわ》、稲荷曲輪《いなりぐるわ》、数寄屋曲輪《すきやぐるわ》、鍛冶曲輪《かじぐるわ》、天守台、堀、石垣

見どころ

甲府城は一条小山《いちじょうこやま》の地に平《ひら》岩親吉《いわちかよし》や羽柴秀勝《はしばひでかつ》・加藤光泰《かとうみつやす》らが築城を開始。その後、浅《あさ》野長政《のながまさ》・幸長《よしなが》父子の時期に完成したようである。関《せき》ヶ原《はら》の戦い後、徳川家康《とくがわいえやす》は一門のための城とし、後年、柳沢吉保《やなぎさわよしやす》が城主となってさらに城と城下町の整備を行っている。近年発掘調査をもとにした復元整備が進んでいるので、見どころが多い。

▶**再建された稲荷櫓**
鬼門の北東にあることから艮櫓《うしとらやぐら》とも呼ばれた二重二階櫓。甲府が勤番制になってからは武具庫として使われていた。

▼**高石垣**
天守などの建造物がないだけに石垣のすばらしさが目立つ。粗割石《あらわりいし》を用いた野面積《のづらづみ》の技術は圧巻。手前の橋は明治時代に架けられたもの。

▶**本丸天守台**
穴蔵《あなぐら》があり平面が不整形の天守台である。豊臣系築城技術が生かされた石垣が見事。石垣や礎石だけでなく石切場跡、石造の暗渠《あんきょ》など見どころは多い。

別名	甲斐府中城、一条小山城、府中城、舞鶴城
城地種類	平山城
築城年代	天正～慶長年間(1590年代)
築城者	浅野長政・幸長
主要城主	加藤氏、浅野氏、徳川氏、柳沢氏
文化財史跡区分	国指定史跡
近年の主な復元・整備	平成9年に鍛冶曲輪門、平成11年に内松陰門・稲荷曲輪門、平成16年に稲荷櫓を復元、平成25年に鉄門を復元
天守の現況・形態	天守台のみ残る
主な関連施設	甲府市歴史公園山手御門
スタンプ設置所	舞鶴城公園管理事務所、甲府城稲荷櫓

＊甲府市北口歴史公園は平成19年3月に完成、公園内には甲府城の石垣を用いて復元した山手御門が建っている。

松代城《まつしろじょう》

千曲川を望む武田流築城術の城

長野県長野市

主な遺構

本丸、二の丸、堀

見どころ

松代城は武田《たけだ》信玄《しんげん》が北信濃《きたしなの》を支配するために築いた海津《かいづ》城《じょう》が前身である。川中島合戦《かわなかじまかっせん》で著名なこの城には、武田氏滅亡後、織田《おだ》・上杉《うえすぎ》・豊臣《とよとみ》・徳川《とくがわ》各氏の家臣がつぎつぎと入城した。元和《げんな》八年(一六二二)、真田《さなだ》信之《のぶゆき》が入封《にゅうほう》、三代藩主幸道《ゆきみち》のときに松代城と改称されたとされる。

海津城時代の縄張《なわばり》を生かして改修しているので、武田流築城術の特徴が強く出ている城である。近年、太鼓門《たいこもん》や北《きた》不明門《あかずもん》、長大な土塁《どるい》などが復元された。

▶**本丸北不明門**

搦手口《からめてぐち》を守る外枡形門《そとますがたもん》。手前が一ノ門(高麗門《こうらいもん》)で奥が二ノ門(櫓門《やぐらもん》)。かつてはこのあたりまで千曲川《ちくまがわ》が近接していた。

▼**二の丸土塁と本丸戌亥隅櫓台**

手前の二の丸は土塁で囲まれている。奥が戌亥《いぬい》隅櫓台《すみやぐらだい》で野面積《のづらづみ》の石垣である。実質的には天守台《てんしゅだい》に相当する。

▶**本丸太鼓門と太鼓前橋**

本丸の大手口《おおてぐち》の内枡形門《うちますがたもん》。手前の橋詰門《はしづめもん》(高麗門)と奥の太鼓門《たいこもん》(櫓門)で枡形を形成する。ともに平成16年(2004)に復元。

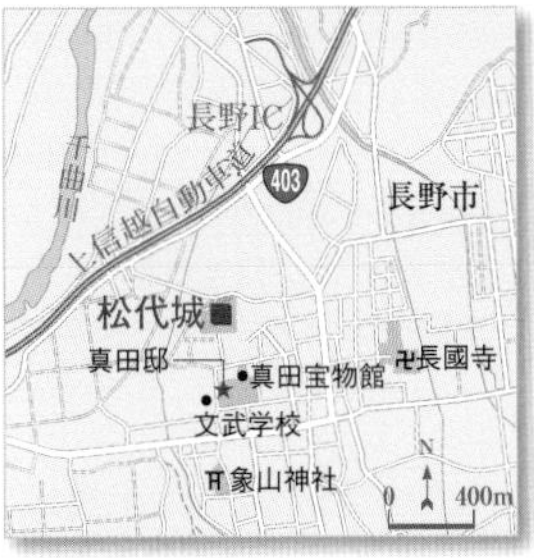

別名	海津城
城地種類	平城
築城年代	永禄3年(1560)頃
築城者	武田信玄
主要城主	武田氏、織田氏、上杉氏、田丸氏、森氏、松平氏、松平(越前)氏、酒井氏、真田氏
文化財史跡区分	国指定史跡
近年の主な復元・整備	平成16年に本丸太鼓門・太鼓門前橋・北不明門、二の丸土塁の復元が終了
天守の現況・形態	天守台(戌亥隅櫓台)のみ残る
主な関連施設	真田宝物館、真田邸(附新御殿跡)、文武学校
スタンプ設置所	真田邸

＊真田宝物館には、松代城関係の展示物として松代城復元模型などを展示している。

上《う》田《えだ》城《じょう》

徳川軍を撃破した真田一族の城

長野県上田市

主な遺構

北櫓《きたやぐら》、南櫓《みなみやぐら》、西櫓《にしやぐら》、石垣、堀

見どころ

真田《さなだ》氏の城として有名だが、現在見られる櫓、堀、石垣に大改修したのは仙石《せんごく》氏である。

かつては七棟あった本丸の櫓のうち現存するのは西櫓、南櫓、北櫓の三棟。いずれも下見板張《したみいたばり》、二重二階で規模も同じである。尼ヶ淵《あまがふち》から仰いで見るのもよい。

本丸の水堀と土塁《どるい》、今は空《から》堀《ぼり》になっているが、江戸時代は水堀だった「けやき並木遊歩道」や発掘調査に基づいて復元されている二の丸北虎口《きたこぐち》も見ておこう。上田高校が藩主居館跡である。

▶本丸土塁の隅欠き

本丸北東角の土塁は内側にへこませている。これは隅欠《すみか》きといわれ、鬼門《きもん》除けである。

▼再建された櫓門

南櫓(左)と北櫓(右)は明治以降、転売を重ねたのち移築され、復元された櫓《やぐら》門《もん》でつなげられた。櫓門と南北の櫓は見学が可能。ただし、11月中旬～3月は閉館。

▶西櫓

現存櫓のうち昔の姿をとどめているのが西櫓だ。仙石氏によって創建された場所に当時とほぼ同じ建物のまま建っている。1、2階とも突き上げ窓で、石落《いしおとし》はない。

別名	尼ヶ淵城、伊勢崎城、松尾城、真田城
城地種類	平城
築城年代	天正11年(1583)
築城者	真田昌幸
主要城主	真田氏、仙石氏、松平(藤井)氏
文化財史跡区分	国指定史跡、県宝3件
近年の主な復元・整備	本丸東虎口櫓門復元、二の丸北虎口石垣復元、本丸西虎口石垣修復、南櫓下石垣修復
天守の現況・形態	ー
主な関連施設	上田市立博物館
スタンプ設置所	上田市立博物館(水曜日・祝日の翌日休み)、上田市観光会館

＊上田市立博物館では、上田城復元模型や歴代城主の甲冑、上田藩関係の資料が展示されている。

日本100名城
No.28

小諸城《こもろじょう》

断崖絶壁で防御された穴城

長野県小諸市

主な遺構

大手門《おおてもん》、三の門、天守台《てんしゅだい》、石垣

見どころ

小諸城の前身は大井《おおい》氏の鍋《なべ》蓋《ふた》城と支城乙女《おとめ》城である。武《たけ》田《だ》信玄《しんげん》が領有して縄張《なわばり》を拡充し、今に残る城郭の基本形ができた。豊臣《とよとみ》政権成立後、入《にゅう》封《ほう》した仙石《せんごく》秀久《ひでひさ》・忠政《ただまさ》父子二代が三重の天守をあげ、大手門、三の門などを建造して近世城郭に改修した。

城は千曲川《ちくまがわ》に向かって傾斜した深い浸食谷に突き出た台地を活用している。このため、城下町、三の丸、二の丸、本丸の順に低くなっており、「穴城《あなじろ》」とも呼ばれている。

▶二の丸側から見た三の門
懐古園《かいこえん》の扁額《へんがく》がかかる明和2年（1765。明和3年とも）に建てられた2代目の門。

▼天守台石垣
仙石氏時代に築かれた石垣。石を加工しない野面積《のづらづみ》で、角の算木積《さんぎづみ》も古城らしい風情がある。なお本丸の南北にある深く広い谷を利用した堀を見れば、この城の堅固さがわかる。

▶大手門正面
しなの鉄道の線路の北にある三の丸の門。瓦葺《かわらぶ》きで瓦門《かわらもん》とも呼ばれる。築城当時の建造物で、平成20年（2008）に修理が完成した。

別名	酔月城、白鶴城
城地種類	平山城（穴城）
築城年代	天文23年（1554）、慶長末期（1614～15）
築城者	武田信玄、仙石秀久
主要城主	武田氏、仙石氏、徳川氏、松平（久松）氏、青山氏、酒井氏、西尾氏、石川氏、牧野氏
文化財史跡区分	国重要文化財（大手門、三の門）
近年の主な復元・整備	平成16年から大手門の解体修理を実施、平成20年修復完了
天守の現況・形態	天守台のみ残る
主な関連施設	徴古館
スタンプ設置所	懐古園事務所入口

松本城《まつもとじょう》

石川氏が築いた漆黒の天守

長野県松本市

主な遺構

天守《てんしゅ》、乾小天守《いぬいこてんしゅ》、渡櫓《わたりやぐら》、辰巳《たつみ》附櫓《つけやぐら》、月見櫓《つきみやぐら》、本丸、二の丸、堀

見どころ

黒漆《くろうるし》塗りの下見板張《したみいたばり》の天守群はどこから見ても美しい。天守と乾小天守を渡櫓で結ぶ石垣造《いしがきづくり》の近世城郭を築造したのは石川数正《いしかわかずまさ》・康長《やすなが》父子だ。

本丸正門の復興された黒門《くろもん》は侵入者が直進できない枡形《ますがた》門《もん》で、一の門が櫓門《やぐらもん》、二の門は高麗門《こうらいもん》になっている。藩の政庁だった二の丸御殿跡は規模・間取りがわかるように史跡公園として平面表示されている。二の丸御殿跡北西隅の御金蔵蔵《ごきんぞうぐら》も見ておきたい。

▶再建された二の丸太鼓門

二の門（手前。高麗門）と 一の門(奥。櫓門)からなる内枡形門《うちますがたもん》。太鼓門《たいこもん》は石川玄蕃頭康長によって築造され、二の門を入って右手にあった太鼓楼《たいころう》(再建されていない)上に太鼓が置かれて、さまざまな合図に使用された。一の門の門台左に巨石「玄蕃石《げんばいし》」がある。

▶▼東(右)と西(下)から見た天守群

大天守と乾小天守が渡櫓で連結し、辰巳附櫓と月見櫓(朱塗り欄干付き)は大天守と複合している。なかでも三代将軍・徳川家光を迎えるために増築されたとされる月見櫓は、平和を象徴した表情をしており天守と一体になっている点が珍しい。

別　名	深志城[ふかしじょう]
城地種類	平城
築城年代	文禄2〜3年(1593〜94)
築城者	石川数正・康長
主要城主	石川氏、小笠原氏、戸田(松平)氏、松平氏、堀田氏、水野氏
文化財史跡区分	大天守、乾小天守、渡櫓、辰巳附櫓、月見櫓（以上国宝)、国指定史跡
近年の主な復元・整備	平成11年(1999)に太鼓門を復元
天守の現況・形態	五重六階　木造(現存)
主な関連施設	−
スタンプ設置所	松本城管理事務所(有料区域本丸庭園内)

高遠城《たかとおじょう》

空堀と土塁で守られた後堅固の城

長野県伊那市

主な遺構

本丸、二の丸、三の丸、南曲輪《みなみぐるわ》、法幢院曲輪《ほうどういんぐるわ》、勘助曲輪《かんすけぐるわ》、空堀《からぼり》、竪堀《たてぼり》

見どころ

高遠頼継《たかとおよりつぐ》を攻略した武田信玄《たけだしんげん》が改修した城である。後年、勝頼《かつより》の弟仁科盛信《にしなもりのぶ》(信盛《のぶもり》)が城主となるが、織田信長《おだのぶなが》軍に攻められ落城。江戸時代は徳川《とくがわ》氏の譜代《ふだい》大名の居城となった。

城は三峰川《みぶがわ》の断崖を背にした本丸を二の丸、三の丸が半円状に囲む後堅固《うしろけんご》の縄張《なわばり》であり、曲輪間の空堀と土塁で堅く守られていた。

現在、建造物はほとんど残っていないが、石垣や堀・土塁が戦国期の雰囲気を伝える。

◀太鼓櫓《たいこやぐら》
大正2年(1913)に本丸南隅櫓《すみやぐら》跡に建てられた。高遠城が桜の名所になったのは、明治時代にタカトオコヒガンザクラが植えられたことによる。

▼本丸空堀
曲輪間の空堀はよく残っており、堀底に降りれば築城者の意図が味わえるかもしれない。

▶桜雲橋と問屋門
奥の問屋門《とんやもん》のところが本丸御門跡で、一の門と二の門からなる枡形門《ますがたもん》があった。問屋門は城下から移築された門。

別　　名	兜城
城地種類	平山城
築城年代	不明、天文16年(1547)に修改築か
築城者	不明、武田信玄
主要城主	武田氏、保科氏、鳥居氏、内藤氏
文化財史跡区分	国指定史跡
近年の主な復元・整備	平成13年(2001)に大手石垣を修理
天守の現況・形態	ー
主な関連施設	藩校進徳館、伊那市立高遠町歴史博物館
スタンプ設置所	伊那市立高遠町歴史博物館

＊観桜期に限り入園有料。伊那市立高遠町歴史博物館では、高遠の歴史と暮らしに関する資料を展示しており、歴史コーナーでは高遠城復元模型などが見られる。

日本100名城

No.31

新《し》発《ば》田《た》城《じょう》

三階櫓に三匹の鯱《しゃち》を戴《いただ》く城

新潟県新発田市

主な遺構

本丸表門、旧二の丸隅櫓《すみやぐら》、石垣、土居《どい》、堀

見どころ

上杉謙信《うえすぎけんしん》の重臣新発田重家《しばたしげいえ》の館跡に、加賀国大聖寺から入封《にゅうほう》した溝口秀勝《みぞぐちひでかつ》と子孫が近世城郭を築いた。

一番の見どころは旧二の丸隅櫓とともに国の重要文化財に指定されている表門(二階建の櫓門《やぐらもん》)。下半分は海鼠壁《なまこかべ》とし、櫓の床には石落《いしおとし》を四つも設けている。

三点の写真を見ると、この城の見どころの一つでもある隙間なく積まれた切込接《きりこみはぎ》の石垣の美しさがよくでている。

城下には貴重な茅葺《かやぶ》きの足軽長屋が残っている。

▶旧二の丸隅櫓

もとは二の丸にあった二重二階の隅櫓で、本丸の鉄砲櫓《てっぽうやぐら》跡に移築された。

▼復元された三階櫓

本丸北西隅に建っていた三重三階の三階櫓《さんがいやぐら》は城内最大の建造物で、実際上の天守《てんしゅ》だった。最上階の屋根に３つの鯱《しゃち》が載《の》っているのも珍しい。櫓は自衛隊駐屯地にあるため入城はできない。

▶本丸表門

門前に押し寄せた敵に横矢《よこや》をかけるため、門は石垣より少し引っ込んだ位置に建てられている。

別名	菖蒲城[あやめじょう]、舟形城、狐尾曳ノ城
城地種類	平城
築城年代	慶長3年(1598)頃着手、承応3年(1654)完成
築城者	溝口秀勝・宣勝・宣直
主要城主	溝口氏
文化財史跡区分	市指定史跡、重要文化財2件
近年の主な復元・整備	平成16年(2004)に三階櫓・辰巳櫓を木造で復元
天守の現況・形態	層塔型　三重三階　木造(復元)
主な関連施設	足軽長屋、清水園、五十公野御茶屋
スタンプ設置所	新発田城表門、12月〜3月は新発田市役所本庁舎1階

＊清水園は藩主溝口氏の下屋敷に設けられた回遊式の大名庭園である。

春日山城《かすがやまじょう》

全山要塞化された上杉謙信の居城

新潟県上越市

主な遺構

本丸・井戸曲輪《いどぐるわ》・二の丸・三の丸・毘沙門堂《びしゃもんどう》・景勝屋敷《かげかつやしき》・直江《なおえ》屋敷などの曲輪《くるわ》、土塁《どるい》、空堀《からぼり》、総構《そうがまえ》

見どころ

春日山城の築城時期、築城者とも不明だが、越後守護代《えちごしゅごだい》長尾為景《ながおためかげ》が改修し、子の景虎《かげとら》(上杉謙信《うえすぎけんしん》)により大規模に整備され、難攻不落の城が完成した。城は巨大な山城《やまじろ》で、山頂の本丸(実城《みじょう》)を守るように山全体に多数の曲輪や「直江屋敷」などの家臣団屋敷もおかれ、土塁や空堀で全山要塞化されている。さらにこの東山据に沿って堀と土塁で築かれている総構が特徴的。

▶大井戸

本丸直下にある。山城の山頂近くにありながら、渇水時でも涸《か》れず、今でも水が湧出している。

▼毘沙門堂

毘沙門天《びしゃもんてん》を尊崇した謙信が出陣前に籠もって戦勝を祈願したという毘沙門堂。お堂は昭和になってからの再建。

▶春日山山頂の天守台跡からの眺め

本丸(実城)の曲輪の中でも一段高い場所にある。「伝天守台《でんてんしゅだい》」といわれるように天守が築かれていたわけではない。

別名	―
城地種類	山城
築城年代	正平年間(1346〜70)頃、天正年間(1573〜92)
築城者	初期の築城者は不明。長尾為景、上杉謙信・景勝の3代で現在見られるような大城郭に整備されたといわれている
主要城主	上杉氏、堀氏
文化財史跡区分	国指定史跡
近年の主な復元・整備	平成8年に楼門地区の復元整備(堀、土塁、番小屋)
天守の現況・形態	伝天守台跡のみ残る
主な関連施設	春日山城史跡広場、春日山城跡ものがたり館、上越市埋蔵文化財センター、御館公園、鮫ヶ尾城跡、福島城跡、高田城跡
スタンプ設置所	春日山城跡ものがたり館(12月〜2月は市埋蔵文化財センター)

＊毎年８月下旬に春日山城史跡広場をメイン会場に「謙信公祭」を開催。川中島合戦の再現や武者行列など戦国時代にタイムスリップできる。

日本100名城

No.33

高岡城《たかおかじょう》

築城以来、水堀が完全に保存されている城

富山県高岡市

主な遺構

本丸、二の丸、三の丸、鍛冶《かじ》丸《まる》、明丸《あきまる》、土橋《どばし》、水堀、石垣

見どころ

前田利長《まえだとしなが》が隠居城としていた富山城《とやまじょう》が火災で焼失したため、高岡に城を築いた。縄張《なわばり》は高山右近《たかやまうこん》と伝わるが最近では疑問視する研究もある。慶長二〇年（一六一五）の一国一城令《いっこくいちじょうれい》により廃城とされたが、水堀と曲輪《くるわ》はほぼ完全に保存されている。

縄張の特徴は、本丸以外の曲輪がすべて馬出《うまだし》（明丸は馬出見立て）であること。これは「連続馬出《れんぞくうまだし》」とも称され、土橋を通過する敵は必ず横からの攻撃にさらされることになる。

▶民部の井戸（三の丸）

今枝民部《みんぶ》直恒《なおつね》邸の井戸と伝わる。井筒の直径80cm、深さ8m。屋形《やかた》がかけられた時期はわからないが、大切にされている。

▼鍛冶丸（左）と明丸（右）間の水堀

城域の３分の１にもおよぶ広大な水堀《みずぼり》は現在も良好な状態で残り、伏流水を使っているため水量は豊富である。

▶土橋の石垣

本丸と二の丸を結ぶ土橋の石垣（西面）。粗《あら》加工石の乱積《らんずみ》で築かれているが、近代以降の積み直し説もある。

別名	ー
城地種類	平城
築城年代	慶長14年（1609）
築城者	前田利長
主要城主	前田氏
文化財史跡区分	国指定史跡
近年の主な復元・整備	平成3～7年（1991～95）に水堀浄化工事
天守の現況・形態	ー
主な関連施設	高岡市立博物館
スタンプ設置所	高岡市立博物館（鍛冶丸跡）

＊高岡市立博物館は、高岡城を築城した前田利長の書状などの歴史資料を展示している。

日本100名城
No.34

七尾城《ななおじょう》

野面積の石垣が威《おど》す巨大山城

石川県七尾市

主な遺構

本丸、二の丸、三の丸、調《ちょう》度丸《どまる》、桜馬場《さくらばば》、寺屋敷《てらやしき》、九尺《きゅうしゃく》石《いし》、石垣、堀切《ほりきり》、土塁《どるい》

見どころ

七尾城は、能登守護畠山《のとしゅごはたけやま》氏の居城で、七代目の義総《よしふさ》が整備を進めた。その後、上杉謙《うえすぎけん》信《しん》に攻められ落城。謙信はこの城から望む七尾湾の眺望をこよなく愛《め》でたという。

謙信の死後、前田利家《まえだとしいえ》が織《お》田信長《だのぶなが》に宛行《あてが》われて入城した。利家は七尾城を修築するとともに小丸山城《こまるやまじょう》の築城に取りかかり、完成すると七尾城を廃城とした。本丸と長屋敷《ちょうやしき》との間の大堀切《おおほりきり》や数段に積み上げられた石垣が主な見どころ。

▶九尺石

桜馬場の西の曲輪《くるわ》にある内枡形虎口《うちますがたこぐち》の石垣に積まれた巨石(左はし)。長さ2.7mあることから名付けられた。

▼本丸へ続く道の石垣

ここでも低い石垣を段々に築いている。築城時にはまだ高石垣を築く技術を得ていなかったのであろう。

▶調度丸と桜馬場間の石垣

数段に積まれた石垣がまるで高石垣《たかいしがき》のように眼前に聳《そび》え、見る者を威圧する。

別名	ー
城地種類	山城
築城年代	戦国時代前期(永正～大永年間〔1504～28〕頃)
築城者	能登畠山氏
主要城主	第7代畠山義総
文化財史跡区分	国指定史跡
近年の主な復元・整備	平成元年(1989)、平成20年(2008)に石垣を修理
天守の現況・形態	櫓台のみ残る
主な関連施設	七尾城史資料館・懐古館、のと里山里海ミュージアム
スタンプ設置所	七尾城史資料館玄関前、七尾市役所本庁

＊七尾城史資料館は、七尾城を築城した畠山家ゆかりの品や、城下町遺跡からの出土品などを収蔵・展示している。

金沢城《かなざわじょう》

甦《よみがえ》る加賀百万石の大城

石川県金沢市

主な遺構

石川門《いしかわもん》、三十間長屋《さんじっけんながや》、鶴丸倉《つるまるそう》庫《こ》、石垣、堀

見どころ

加賀《かが》一向一揆《いっこういっき》の拠点の一つであった金沢御堂《みどう》の跡地に織《お》田信長《だのぶなが》の家臣佐久間盛政《さくまもりまさ》が築城したのが始まり。その後、前田利家《まえだとしいえ》が入城して金箔瓦《きんぱくがわら》の天守《てんしゅ》を築いた可能性もあるとみられるが、落雷で焼失。現在の金沢城の姿は寛永《かんえい》八年(一六三一)からの普請《ふしん》によると考えられている。菱櫓《ひしやぐら》、石川門など百万石の大大名《だいだいみょう》の居城にふさわしい豪壮な建造物群に目を奪われがちだが、各曲輪《くるわ》を土橋《どばし》で連結させた縄張《なわばり》の巧みさにも見どころである。

▶石川門二重櫓と土塀

石川門は内枡形門《うちますがたもん》で、写真の二重櫓《にじゅうやぐら》はその空間を固める建物のひとつ。鉛瓦葺《なまりがわらぶき》の屋根、唐破風《からはふ》の出窓形石《でまどがたいし》落《おとし》、海鼠塀《なまこべい》なども見どころである。

▼河北門

城の実質的な正門。写真の二の門(櫓門《やぐらもん》)と一の門(高麗門《こうらいもん》)、ニラミ櫓台《やぐらだい》、桝形土塀《ますがたどべい》で内枡形が構成されている。

▶菱櫓(右)・五十間長屋《ごじっけんながや》(中)・橋《はし》爪門続櫓《づめもんつづきやぐら》(左)

菱櫓《ひしやぐら》とは平面が文字どおり菱形をした櫓である。これら連続した建物群は石落、格子窓《こうしまど》(鉄砲狭間《てっぽうさま》になる)が設けられ戦《いくさ》のときに二の丸を防御する施設である。

別名	ー
城地種類	平山城
築城年代	天正8年(1580)、天正11年(1583)
築城者	佐久間盛政、前田利家
主要城主	佐久間氏、前田氏
文化財史跡区分	国史跡(金沢城)、重要文化財(石川門、三十間長屋、鶴丸倉庫)
近年の主な復元・整備	平成13年に菱櫓・五十間長屋・橋爪門続櫓、橋爪一の門、平成22年に河北門、いもり堀を復元、平成27年橋爪門二の門を復元、玉泉院丸庭園を再現、令和2年鼠多門、鼠多門橋を復元整備
主な関連施設	特別名勝「兼六園」
スタンプ設置所	二の丸案内所(9:00～16:30)、石川門入口案内所

＊兼六園は、金沢城の外郭庭園として五代藩主前田綱紀が作庭、以後さらに整備された江戸時代を代表する大名庭園で、水戸の偕楽園、岡山の後楽園と並んで日本三名園のひとつに数えられている。

丸《まる》岡《おか》城《じょう》

古式を伝える現存天守の城

福井県坂井市

主な遺構
天守《てんしゅ》、本丸、石垣

見どころ
丸岡城は柴田勝家《しばたかついえ》の甥勝豊《かつとよ》の天正《てんしょう》四年(一五七六)築城が最初とされる。近年行われた調査の結果、現存する天守は丸岡藩が成立した寛永《かんえい》年間(一六二四〜四三)、本多《ほんだ》氏の時代に整備されたことがわかった。

小丘に築かれた城は本丸と二の丸を五角形の内堀《うちぼり》が巡り、さらにその外周を三の丸と外《そと》堀《ぼり》が囲んでいた。しかし、現在残るのは本丸とわずかな堀だけである。天守各階の外壁の様子や出窓、破風《はふ》など古風な姿をじっくり見ておきたい。

▶西より望んだ天守
昭和23年(1948)の福井地震で倒壊したが、昭和30年(1955)に修復再建された。

▼天守の廻縁《まわりえん》と高欄《こうらん》
上部にわずかに見えるのは窓の突上《つきあげ》戸《ど》。天守内を見学できるので、石落《いしおとし》などの防御施設も見ておきたい。

▶天守北東面
天守は二重三階の望楼型《ぼうろうがた》。1階は塗籠《ぬりごめ》と下見板張《したみいたばり》、三階は柱や長押《なげし》などをそのまま見せる真壁造《しんかべづくり》。屋根瓦は笏谷石《しゃくだにいし》の石瓦が使われている。天守台の石垣は自然石を使った野面積《のづらづみ》だが、加工した石を用いた打込接《うちこみはぎ》で修復されたところもある。

別名	霞ヶ城
城地種類	平山城
築城年代	天正4年(1576)
築城者	柴田勝豊
主要城主	柴田氏、安井氏、青山氏、今村氏、本多氏、有馬氏
文化財史跡区分	重要文化財1件
近年の主な復元・整備	平成14〜15年(2002〜03)に天守の屋根を修理
天守の現況・形態	望楼型　二重三階　木造(現存)
主な関連施設	丸岡歴史民俗資料館
スタンプ設置所	丸岡城券売所前

＊1月1日は無料開放(資料館は正月休み)。丸岡歴史民俗資料館では、丸岡の歴史に関する解説などが展示されている。

一乗谷城《いちじょうだにじょう》

朝倉氏の栄華を伝える城下町と山城

福井県福井市

主な遺構

［山城部分］一の丸、二の丸、三の丸、千畳敷《せんじょうじき》、堀切《ほりきり》、竪堀《たてぼり》など ［城下町部分］唐門《からもん》、湯《ゆ》殿《どの》跡庭園、城戸《きど》跡など

見どころ

一乗谷城は朝倉《あさくら》氏の館だけでなく、城下町と周囲の四つの山城《やまじろ》を含む縄張《なわばり》をさし、朝《あさ》倉孝景《くらたかかげ》が越前《えちぜん》の守護《しゅご》斯波《しば》氏を破り、一乗谷に居館《きょかん》を移したことにはじまる。朝倉氏は一乗谷の南北に二つの城戸《きど》（城門）を設けて城下町を守り、館の背後の山には夥《おびただ》しい数の畝状空堀《うねじょうからぼり》群（竪堀）で守られた山城（一乗谷城）を築いた。織《お》田信長《だのぶなが》によって灰燼《かいじん》に帰したが、復原整備されている。

▶唐門

江戸時代、松雲院の山門として建てられた。この場所にかつて朝倉義景館の西正門があったとされている。

▼町屋群

立体復原された町屋《まちや》は、職人たちの暮らしぶりわかるように工夫されている。武家屋敷群も復原されているので、ふたつを見れば戦国の城下町を体感できる。

▶南東から見た朝倉氏館跡

平面表示された館跡。戦国時代の貴重な遺構で、朝倉義景《よしかげ》の館跡である。約80m四方の居館は三方を土塁《どるい》と堀で囲まれ、主殿《しゅでん》ほか16棟の建物跡が確認されている。

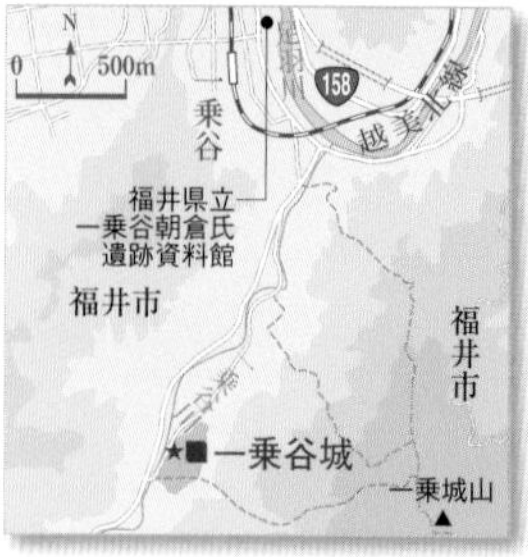

別名	―
城地種類	山城（麓に居館）
築城年代	15世紀後半
築城者	朝倉孝景
主要城主	朝倉氏
文化財史跡区分	国指定特別史跡、国指定特別名勝、重要文化財
近年の主な復原・整備	平成7年に中級武家屋敷・町屋などの町並みを発掘遺構上に復原
天守の現況・形態	―
主な関連施設	福井県立一乗谷朝倉氏遺跡資料館
スタンプ設置所	「復原町並」入口（南・北）

＊「復原町並」を除き、冬期積雪時の見学は不適。福井県立一乗谷朝倉氏遺跡資料館は、朝倉氏遺跡から発掘され重要文化財指定を受けた遺物を中心に、朝倉氏や城下町に関する展示を行っている。

岩村城《いわむらじょう》

壮大な石垣が巡る近世山城

岐阜県恵那市

主な遺構

曲輪《くるわ》、堀切《ほりきり》、門跡、井戸、櫓《やぐら》台《だい》

見どころ

標高七一七mの日本一高い地に築かれた城である。高取《たかとり》城《じょう》、備中松山城《びっちゅうまつやまじょう》とともに日本三山城《やまじろ》といわれている。遠山《とおやま》氏の居城だったが、戦国時代に織田信長《おだのぶなが》の家臣河尻秀隆《かわじりひでたか》・森長可《もりながよし》、江戸時代に松平《まつだいら》氏・丹羽《にわ》氏が城主となり改修築。

城は山頂・山腹に多くの曲輪群が階段状に広がり、山麓に居館群があった。本丸、二の丸、八幡曲輪、東曲輪がよく残っている。本丸北東面にある雛壇《ひなだん》状に築き上げられた六段の石垣が最大の見どころ。

▶日本三山城からの景色

右手奥に平らに見えるのは恵那山《えなさん》。手前の石垣は長局埋門《ながつぼねうずみもん》跡。

▼太鼓櫓と表御門

山麓の藩主邸跡に平成２年(1990)に再建された太鼓櫓《たいこやぐら》(右)と表御門《おもてごもん》(中)。左はしは移築された藩校知新館《ちしんかん》正門。

▶本丸北東面の石垣

６段に積み上げられた見事な石垣。江戸時代に積み直された所も多いが、岩村城を代表する景観である。

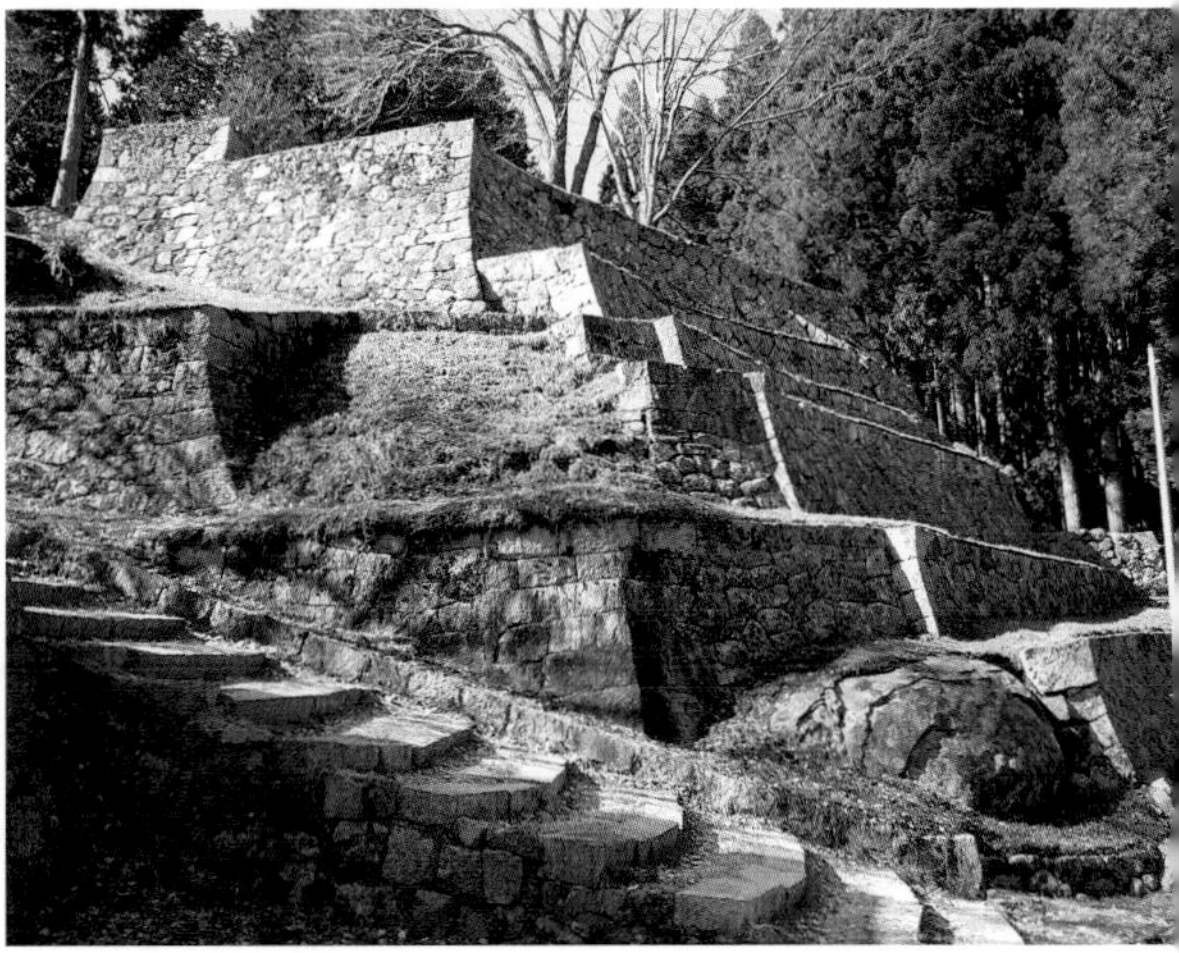

別名	霧ヶ城
城地種類	山城
築城年代	文治元年（1185)、永正年間（1504～21)、天正3年～慶長年間(1575～1615)
築城者	加藤景廉(伝)、遠山氏、河尻秀隆、各務兵庫、松平家乗
主要城主	遠山氏、秋山氏、河尻氏、団氏、各務氏(城代)、田丸氏、松平(大給)氏、丹羽氏、松平(大給分家)氏
文化財史跡区分	県指定史跡
近年の主な復元・整備	平成2年に太鼓櫓、表御門、平重門などを再建
天守の現況・形態	―
主な関連施設	岩村歴史資料館、民俗資料館、御殿茶室、藩校知新館正門
スタンプ設置所	岩村歴史資料館受付窓口(休館日は岩村振興事務所)

＊岩村歴史資料館は、岩村城の麓にある藩主邸跡に建てられており、『享保岩村城絵図』『明和岩村城平面図』など岩村城関係の歴史資料を展示している。城下の旧町人町は重要伝統的建造物群保存地区に選定されている。

岐阜城《ぎふじょう》

天下布武を宣言した信長の城

岐阜県岐阜市

主な遺構

天守台《てんしゅだい》、櫓台跡《やぐらだい》、門跡、石垣

見どころ

もとは稲葉山城《いなばやまじょう》と称され、鎌倉時代、二階堂行政《にかいどうゆきまさ》が築城したと伝わるが、詳細は不明。確かなことは戦国時代に斎藤《さいとう》道三《どうさん》が山城《やまじろ》と城下町を整備したことである。斎藤氏は三代にわたり居城としたが、織田《おだ》信長《のぶなが》によって追放された。

信長は町の名を「岐阜」と名を改め、山頂の城と山麓居館の改修を行った。現在、山麓部分は岐阜公園として整備されており、信長の居館跡などを見学できる。また登山道を歩けば、石垣や曲輪《くるわ》跡を見ることもできる。

▶長良川越しに見た岐阜城

岐阜城は標高329mの金華山《きんかざん》(稲葉山)山頂に築かれた典型的な山城である。これほどの山城が鎌倉《かまくら》時代初めに築かれることはないという見方から、斎藤道三の築城と考えられている。

▼織田信長居館跡の巨石組

岐阜公園の一部に通路、石組が整備復元されている。ほかに水路、井戸、石垣などもある。

▶山頂の天守

天守は昭和31年(1956)に鉄筋コンクリート造で再建されたもの。三重四階の展望台からの眺望はすばらしい。

別名	稲葉山城
城地種類	山城
築城年代	建仁年間(1201～04)、天文年間(1532～55)、永禄年間(1558～70)
築城者	二階堂行政?、斎藤道三、織田信長
主要城主	二階堂氏?、斎藤氏、織田氏
文化財史跡区分	国指定史跡(岐阜城跡)
近年の主な復元・整備	令和元年(2019)に展示リニューアル
天守の現況・形態	望楼型　三重四階　鉄筋コンクリート造(復興)
主な関連施設	岐阜城資料館
スタンプ設置所	岐阜城(入場者に限る)

＊岐阜城資料館は、昔の武器庫、食糧庫を模して復元したもので、現在はフォトジェニックな記念撮影ポイントとなっている。

日本100名城
No.40

山中城《やまなかじょう》

見える落とし穴で守られた土の城

静岡県三島市

主な遺構

障子堀《しょうじぼり》、土塁《どるい》

見どころ

山中城は戦国末期に小田原《おだわら》北条《ほうじょう》氏と豊臣秀吉《とよとみひでよし》の兵が激突した城である。

この城の特徴は石垣のない土造《つちづくり》の城であることと、写真のような複列型障子堀(障子堀)、単列型障子堀(畝堀《うねぼり》)を巧みに各曲輪《くるわ》の周囲に配し、防御能力を高めていることである。

すでに発掘調査に基づいて復元整備されているので、誰でも障子堀を実見できる。また、現地で見ることによって、小田原北条氏流築城術のノウハウを知ることができる。

▶**二ノ丸虎口と架橋**
手前が二ノ丸虎口《こぐち》。土塁を枡形《ますがた》状にしている。橋下は深い空堀《からぼり》。

▼**単列型の障子堀(畝堀)**
堀が直交する形で田の畝《うね》のような形をした障壁を設けたもの。敵が堀内を自由に移動することを防ぐ。

▶**複列型の障子堀**
障壁を組み合わせて、複数の衝立障子のような障害物を設けた堀。
(写真提供=三島市教育委員会)

別名	ー
城地種類	山城
築城年代	永禄年間(1558~70)ごろ
築城者	後北条氏
主要城主	後北条氏
文化財史跡区分	国指定史跡
近年の主な復元・整備	平成24年度から平成30年度まで、法面の崩落が著しい西櫓・西ノ丸・二ノ丸西堀橋・本丸西堀・御馬場曲輪・一ノ堀の再整備を実施した
主な関連施設	
スタンプ設置所	山中城跡売店前

日本100名城

No.41

駿《すん》府《ぷ》城《じょう》

大御所徳川家康が敏腕をふるった居城

静岡県静岡市

主な遺構

天守台、石垣、堀

見どころ

少年期に今川《いまがわ》氏の下で過ごした徳川家康《とくがわいえやす》が駿府に戻ってきたのは、秀忠《ひでただ》に将軍職を譲り、大御所《おおごしょ》となった後の慶長《けいちょう》一二年(一六〇七)である。家康は全国の大名《だいみょう》を動員し、天正期築城の駿府城を三重の堀と二つの曲輪《くるわ》が本丸を囲む輪《りん》郭《かく》式の城に改築した。慶長一五年に完成した天守《てんしゅ》は五重七階(六重七階とも)だった。寛《かん》永《えい》一二年(一六三五)に焼失した天守は再建されていないが、平成二八年度から令和三年度まで天守台発掘調査を実施し、現場を常時公開している。

▶天守台石垣

巨大な天守台と本丸堀の一部が発掘により姿を現している。(写真提供＝静岡市)

▼復元された坤櫓

江戸時代の修復記録に基づき平成26年(2014)に復元された二重三階の櫓。内部は吹き抜け空間になっており、櫓の構造を見ることができる。

▶復元された東御門(右)と巽櫓(左)

古文書資料などを参考に巽櫓は平成元年、東御門は平成8年に復元された。東御門は櫓門・高麗門・多門櫓から構成された枡形虎口《こぐち》である。令和3年4月に展示リニューアルオープン。

別名	ー
城地種類	平城
築城年代	天正13年(1585)、慶長12年(1607)
築城者	徳川家康
主要城主	徳川氏
文化財史跡区分	ー
近年の主な復元・整備	平成元年に巽櫓、平成8年に東御門、平成26年に坤櫓を復元
天守の現況・形態	ー
主な関連施設	駿府城跡天守台発掘調査現場、静岡浅間神社
スタンプ設置所	東御門券売所、坤櫓(月曜日、年末年始休館。祝日、休日にあたる場合は営業。休館日は静岡市役所)

＊発掘現場見学ゾーンと発掘情報館きゃっしるは9時～16時30分(入場16時)まで。年末年始休館。

掛川城《かけがわじょう》

山内一豊が心血を注いだ東海の名城

静岡県掛川市

主な遺構

二の丸御殿、太鼓櫓《たいこやぐら》、霧吹井戸

見どころ

掛川城は戦国大名今川《いまがわ》氏の重臣朝比奈《あさひな》氏の居城であった。今川氏の滅亡後、徳川家康《とくがわいえやす》の家臣が入城したが、家康が関東に移ると、豊臣秀吉《とよとみひでよし》配下の山内一豊《やまうちかつとよ》が入封《にゅうほう》した。天正《てんしょう》一八年(一五九〇)のことである。一豊はこの城を中世の城から三重の天守《てんしゅ》をもつ近世城郭へと大々的に改修した。現在残る城と城下町の骨格は一豊の時期に形成されたのである。天守は幕末の地震で壊れたが、貴重な二の丸御殿や太鼓櫓が残り、見どころとなっている。

▶天守から見た二の丸御殿
掛川城随一の見どころ。文久《ぶんきゅう》元年(1861)に再建された書院造《しょいんづくり》の御殿で藩主公邸兼政庁として使われた。7棟20部屋からなる。

▼大手門
平成7年(1995)に復元された楼門造りの櫓門《やぐらもん》。実際は現在地より南50mの位置にあった。大手門《おおてもん》脇には江戸時代末期に建造された大手門番所《ばんしょ》が移築されている。

▶天守(右)と太鼓櫓(左)
平成6年(1994)、発掘調査結果や古絵図、高知城《こうちじょう》を参考に復元。三層四階の木造建築である。現存太鼓櫓は三の丸からの移築。

別名	雲霧城、松尾城
城地種類	平山城
築城年代	永正9年(1512)頃、天正18年(1590)
築城者	朝比奈泰熙・泰能、山内一豊
主要城主	朝比奈氏、石川氏、山内氏、松平(久松)氏、青山氏、松平(桜井)氏、本多氏、松平(藤井)氏、北条氏、井伊氏、小笠原氏、太田氏
文化財史跡区分	重要文化財1件(御殿)、市指定文化財1件(太鼓櫓)
近年の主な復元・整備	平成6年に天守を木造で復元
天守の現況・形態	望楼型　三層四階　木造(復元)
主な関連施設	掛川古城、二の丸美術館、二の丸茶室、竹の丸
スタンプ設置所	掛川城御殿

＊重要文化財の二の丸御殿は時代劇映画のロケ地としてたびたび使われている。

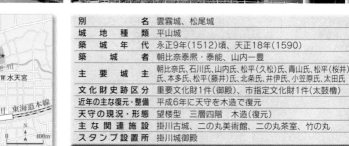

犬山城《いぬやまじょう》

木曾川に臨む三層の国宝天守

愛知県犬山市

主な遺構

天守《てんしゅ》、石垣

見どころ

犬山城は織田信長《おだのぶなが》の叔父信《のぶ》康《やす》が尾張《おわり》と美濃《みの》の国境に築城したことに始まる。元和《げんな》三年(一六一七)から尾張徳川《とくがわ》家の付家老《つけがろう》成瀬正成《なるせまさなり》が入城し、以後、明治維新まで同家が城主をつとめた。

縄張《なわばり》は背後の北が木曾川《きそがわ》で、丘陵頂部に本丸を配し、以下、南へ杉の丸、樅《もみ》の丸、桐の丸、松の丸を並べた後堅《うしろけん》固《ご》の城である。平成一六年(二〇〇四)まで成瀬家の所有であったが、現在は公益財団法人犬山城白帝文庫《はくていぶんこ》が所有している。

▶木曾川から望む犬山城

標高85mの丘陵上に築かれた城の背後は、木曾川に面した絶壁である。写真右側の樅の丸下には空堀《からぼり》が残っている。別名「白帝城」は李《り》白《はく》の漢詩にちなんだもの。

▼天守の付櫓石垣

天守入口の守りを固める付櫓台《つけやぐらだい》のごつごつした野性的な野面積《のづらづみ》が古武士の風貌を思わせる。

▲天守

三層四階地下二階で、二重櫓《にじゅうやぐら》の上に小さな望楼《ぼうろう》を載せた古式ゆかしい望楼型天守。唐破風《からはふ》と望楼の高欄《こうらん》が特徴である。望楼の開き戸両脇の窓(華頭窓《かとうまど》)は木組《きぐみ》で作られた装飾。

別名	白帝城
城地種類	平山城
築城年代	天文6年(1537)
築城者	織田信康
主要城主	織田氏、小笠原氏、成瀬氏
文化財史跡区分	国宝1件(天守)、国指定史跡
近年の主な復元・整備	—
天守の現況・形態	望楼型　三重四階地下二階　木造(現存)
主な関連施設	犬山市文化史料館
スタンプ設置所	城郭内(門2階の管理事務所)

＊犬山市文化史料館は、古絵図など犬山城関係の資料や成瀬家関連史料を展示している。

名《な》古《ご》屋《や》城《じょう》

大坂包囲網の拠点だった最強の巨郭

愛知県名古屋市

主な遺構

東南隅櫓《すみやぐら》、西南隅櫓、西北隅櫓、表二之門、旧二之丸東二之門、二之丸大手二之門、本丸、二之丸、御深井丸、西之丸、名勝二之丸庭園、石垣、堀

見どころ

戦国時代、尾張今川《おわりいまがわ》氏と織《お》田《だ》氏の居城、那古野城《なごやじょう》のあとに建てられたのが、今の名古屋城である。徳川家康《とくがわいえやす》が大坂《おおさか》城《じょう》からの防衛のために築いたと解されている。家康は天下《てんか》普請《ぶしん》で大天守《だいてんしゅ》・小天守《しょうてんしゅ》を中心に多くの櫓・城門を設けた、最大・最強の近世城郭を完成させた。主な遺構のほか、平成三〇年(二〇一八)に本丸御殿の完成公開を迎えた。

▶**西南隅櫓**

外観二重、内部三階の大型隅櫓である。本来は北面と東面に多聞櫓《たもんやぐら》が接続していた。破風《はふ》付きの出窓下は石落《いしおとし》になっている。

▼**西北隅櫓(清洲櫓)**

現存する三重三階の巨大櫓である。大きさは高知城《こうちじょう》などの天守を凌駕《りょうが》する。

▶**大天守**

小天守とともに、昭和34年(1959)に鉄骨鉄筋コンクリート造で再建された。石垣に沿うのは雨樋《あまどい》。現存天守で最大の姫路城《ひめじじょう》天守の3倍以上の容積をもつ。

別名	蓬左城、楊柳城、柳が城、亀尾城、鶴が城、金城、金鱗城、金鯱城
城地種類	平城
築城年代	慶長20年(1615)
築城者	徳川家康
主要城主	徳川氏
文化財史跡区分	国指定特別史跡、国指定名勝、重要文化財、隅櫓、城門、本丸御殿障壁画など
近年の主な復元・整備	―
天守の現況・形態	層塔型　五重七階地下一階　鉄骨鉄筋コンクリート造(再建)
主な関連施設	名古屋城天守閣(閉館中)
スタンプ設置所	総合案内所(正門改札所、東門改札所)

岡崎城《おかざきじょう》

三河武士の聖地となった家康誕生の城

愛知県岡崎市

主な遺構

清海堀《せいかいぼり》、坂谷門《さかたにもん》跡、切通《きりとおし》、石垣

見どころ

西郷頼嗣《さいごうよりつぐ》が築城した砦を、徳川家康《とくがわいえやす》の祖父松平清康《まつだいらきよやす》が本拠とし、改築を行った。家康はこの城で生まれ、長い人質生活を送ったのち独立し、天下を統一した。このため「神君《しんくん》誕生の地」岡崎城は徳川家の聖地として重視された。天正《てんしょう》末年に豊臣秀吉《とよとみひでよし》の家臣田中吉《たなかよし》政《まさ》が近世城郭に改修し、元和《げんな》三年(一六一七)、本多康紀《ほんだやすのり》が藩主のときに三層三階地下一階、付櫓《つけやぐら》と井戸櫓《いどやぐら》を付属した天守《てんしゅ》が築かれた。現在は、岡崎公園として親しまれている。

▶東曲輪の東隅櫓

発掘調査に基づいて、平成22年(2010)に木造で再建された東隅櫓《ひがしすみやぐら》と塀。写真右はしに菅生《すごう》曲輪から東曲輪へ向かう枡形門《ますがたもん》跡がある。

▼本丸北側の清海堀

本丸北側を防御するために掘られた空《から》堀《ぼり》。ゆるやかな曲線を描く、幅が狭く短い堀である。中世の遺構がよく残っている。

▶天守

昭和34年(1959)に鉄筋コンクリート造で付櫓、井戸櫓とともに再建された。最上階の高欄《こうらん》は新たに付け加えたもの。

別名	竜城
城地種類	平山城
築城年代	康正元年(1455)頃、天正18年(1590)
築城者	西郷頼嗣(稠頼)、田中吉政
主要城主	西郷氏、松平氏、田中氏、本多氏、水野氏、松平(松井)氏
文化財史跡区分	市指定史跡、県指定文化財1件
近年の主な復元・整備	平成7年に天守の外壁等の補修。平成19年度に天守の耐震補強・展示改装工事を実施
天守の現況・形態	望楼型　三層五階　鉄筋コンクリート造(復興)
主な関連施設	三河武士のやかた家康館(二の丸)
スタンプ設置所	天守1階

日本100名城

No.46

長篠城《ながしのじょう》

武田軍の猛攻を凌《しの》いだ断崖上の城

愛知県新城市

主な遺構

主郭《しゅかく》、野牛曲輪《やぎゅうぐるわ》、土塁《どるい》、堀

見どころ

長篠城は宇連川《うれがわ》と豊川《とよがわ》(寒狭川《かんさがわ》)が合流する断崖上に築かれた要害堅固な城である。戦国末期、武田《たけだ》氏と徳川《とくがわ》氏が争奪を繰り返した。天正三年(一五七五)には長篠設楽原《したらがはら》の戦いの発端となり、武田勝頼《かつより》の猛攻を受けたが、城主の奥《おく》平貞昌《だいらさだまさ》は城を守りきり、織田・徳川連合軍を勝利に導いた。

城跡は主郭(本丸)、野牛曲輪、弾正《だんじょう》曲輪などがよく残る。発掘調査の結果、丸馬出《まるうまだし》や空堀《からぼり》の存在などがわかっており、中世の「土の城」の築城術を体験できる。

▶**本丸跡**

主郭は豊川側以外の三方向を土塁と堀が囲んでいた。矢沢川《やざわがわ》が流れ込む本丸と弾正曲輪との間は深い谷で、天然の防御線である。

▼**主郭部の空堀**

武田軍の猛攻を凌《しの》いだ主郭北側に残る大規模な空堀と土塁。城の弱点とみられる北側は、堀と土塁を組み合わせた防御線を数本造っていたようだ。

▶**長篠城全景**

城址は豊川(左)と宇連川(右)に挟まれた断崖上に残る。このため城の背後からの攻撃は困難だった。

別名	ー
城地種類	平城
築城年代	永正5年(1508)
築城者	菅沼元成
主要城主	菅沼氏、奥平氏
文化財史跡区分	国指定史跡
近年の主な復元・整備	ー
天守の現況・形態	ー
主な関連施設	設楽原決戦場・医王寺山武田勝頼本陣跡、新城市長篠城址史跡保存館・新城市設楽原歴史資料館
スタンプ設置所	新城市長篠城址史跡保存館

＊新城市長篠城址史跡保存館は、長篠城本丸跡脇に建つ博物館で『奥平氏血染の陣太鼓』や城跡、戦場跡で発見された戦いの遺物を展示している。

日本100名城

No.47

伊賀上野城《いがうえのじょう》

高石垣が聳《そび》える藤堂高虎の城

三重県伊賀市

主な遺構

武具蔵、本丸、石垣、堀

見どころ

筒井定次《つついさだつぐ》が築城し、三重の天守《てんしゅ》を建てたが除封《じょほう》され、替わって入城したのが築城の名手藤堂高虎《とうどうたかとら》である。

高虎は徳川家康《とくがわいえやす》の命令で、大坂城《おおさかじょう》(豊臣秀頼《とよとみひでより》)攻めの拠点として大改修を進めた。本丸の変更、曲輪《くるわ》の拡大を行い、高石垣《たかいしがき》を築いた。五重の天守も築いたが建造中に倒壊した。

豊臣氏が滅亡すると高虎は津城《つじょう》に移り、城代《じょうだい》を置く。戦略的な役目を終えた城は普請《ふしん》中止となり、未完成のままとなった。

▶**城代屋敷跡の石垣**

筒井氏時代は本丸だった場所で、城内の最高所にある。藤堂氏が入封《にゅうほう》すると改修され城代屋敷となった。石垣は打込接《うちこみはぎ》で積み上げられている。

▼**本丸高石垣西面**

伊賀上野城随一の見どころである。水面からの高さ約23m(堀底から30m)の高石垣は圧巻である。2か所の横矢《よこや》がかかる塁線《るいせん》の張出《はりだし》や隅石《すみいし》の算木積《さんぎづみ》にも注目を。

▶**天守**

天守は三重三階、小天守は二重二階。いずれも木造の模擬天守で、昭和10年(1935)に個人の私財により建てられた。内部には藤堂家に関する資料が展示されている。

別名	白鳳城[はくほうじょう]
城地種類	平山城
築城年代	天正13年(1585)、慶長16年(1611)
築城者	筒井定次、藤堂高虎
主要城主	筒井氏、藤堂氏
文化財史跡区分	国指定史跡、市指定文化財1件
近年の主な復元・整備	城代屋敷石垣復元
天守の現況・形態	層塔型　三重三階　木造(復興)
主な関連施設	ー
スタンプ設置所	大天守閣1階

日本100名城

No.48

松阪城《まつさかじょう》

蒲生氏郷が縄張した石垣の城

三重県松阪市

主な遺構

本丸、二の丸、石垣

見どころ

松阪城は四五百森《よいほのもり》の丘陵上に、築城巧者の蒲生氏郷《がもううじさと》によって築かれた。氏郷が会津《あいづ》に移ると、服部一忠《はっとりかずただ》、古田重勝《ふるたしげかつ》が入城。城は古田重勝の時代に改修されほぼ今日の姿になったと考えられており、織豊《しょくほう》系城郭として注目されている。

三重の天守《てんしゅ》があった本丸と二の丸は、折《おれ》を多用した石垣を積みあげて、要所に枡形虎《ますがたこ》口《ぐち》を配した堅固な構造をもつ。天守は江戸前期に倒壊してすでにないが、意識的に屈折させ、雛壇《ひなだん》のように並ぶ石垣が見どころ。

▶二の丸より望んだ御城番屋敷

中央の生垣に囲まれた藩士の居宅19軒が御城番屋敷《ごじょうばんやしき》。昔日の面影がよく残っている。

▼本丸天守台

本丸は2段になっている。石段を上がり直進したところが敵見櫓跡。曲輪内の石垣は外側の高石垣に比べ非常に低い。

▶表門跡

野面積《のづらづみ》の高石垣で防御された枡形虎口になっている。

別名	ー
城地種類	平山城
築城年代	天正16年(1588)
築城者	蒲生氏郷
主要城主	蒲生氏、服部氏、古田氏
文化財史跡区分	国指定史跡
近年の主な復元・整備	昭和63年～平成15年にかけて石垣の修復工事
天守の現況・形態	天守台のみ残る
主な関連施設	御城番屋敷(重要文化財・旧松坂御城番長屋)
スタンプ設置所	松阪市立歴史民俗資料館、本居宣長記念館(休館日は松阪駅観光情報センター、豪商のまち松阪観光交流センター)

＊「松阪城」は文化財指定名称は「松坂城跡」となっており、市内の表記や城内案内板では「松坂城」となっているが、本書では100名城制定時の表記とする。

日本100名城

No.49

小谷城《おだにじょう》

戦国大名浅井氏三代の堅城

滋賀県長浜市

主な遺構

本丸などの曲輪《くるわ》、石垣、土塁《どるい》

見どころ

小谷城は織田信長《おだのぶなが》に滅ぼされた浅井長政《あざいながまさ》の居城であった。亮政《すけまさ》・久政《ひさまさ》・長政と三代続いた浅井氏滅亡後、戦功のあった豊臣《とよとみ》(当時は羽柴《はしば》)秀吉《ひでよし》が入城したが、秀吉は長浜《ながはま》に新城を築き、この城を廃城にした。

小谷城は麓の清水谷《きよみずだに》と大広《おおひろ》間《ま》・本丸・京極丸《きょうごくまる》などが連郭《れんかく》式に並ぶ曲輪《くるわ》群、大嶽《おおづく》・山崎《やまさき》丸《まる》などの独立した曲輪で構成されている。この巨大な山城《やまじろ》には、建物の遺構は残っていないが、急峻な尾根を生かした大小の曲輪や石垣、土塁、堀切《ほりきり》などが残っている。

▶黒金門跡《くろがねもん》

「大広間」と称された曲輪の出入口。左右の石垣には巨石が用いられている。

▶大広間から見た本丸跡

大広間と本丸は山上の居住空間であった。奥の本丸南面には石垣が、北側には大堀切《おおほりきり》が残っている。

▼小谷城遠望

中央が清水谷でここに平時の居館があった。右の尾根上に城の中心部である本丸などの曲輪群、最高所に大嶽、左の尾根上に福寿丸《ふくじゅまる》と山崎丸が独立して配置されていた。

別名	ー
城地種類	山城
築城年代	大永5年(1525)頃
築城者	浅井亮政
主要城主	浅井氏
文化財史跡区分	国指定史跡
近年の主な復元・整備	ー
天守の現況・形態	ー
主な関連施設	小谷城戦国歴史資料館(火曜日休館、祝祭日の場合は翌日)
スタンプ設置所	小谷城戦国歴史資料館(休館日〔火曜日〕はJR「河毛」駅コミュニティハウスに設置)

＊小谷城戦国歴史資料館 〒529-0312 長浜市小谷郡上町139

彦根城《ひこねじょう》

徳川譜代の重鎮井伊家の居城

滋賀県彦根市

主な遺構

天守《てんしゅ》、天秤櫓《てんびんやぐら》、太鼓門櫓《たいこもんやぐら》、西の丸三重櫓、二の丸佐和口多門櫓《さわぐちたもんやぐら》、馬屋《うまや》、本丸、西の丸、山崎曲輪《やまさきぐるわ》、太鼓丸《たいこまる》、鐘の丸

見どころ

徳川四天王の一人、井伊直政《いいなおまさ》は関ヶ原の戦い後、佐和山《さわやま》城《じょう》に入ったが、新城を築く前に没した。嫡子《ちゃくし》直継《なおつぐ》の代に他大名を助役《すけやく》として動員する天下普請《てんかぶしん》で彦根山《ひこねやま》(金亀山《こんきやま》)に築城を開始したのが慶長《けいちょう》九年(一六〇四)。以後、大坂《おおさか》の陣《じん》(豊臣《とよとみ》氏滅亡)を挟んでから は、彦根藩単独で整備を進め、一八年かけて完成したのが現在の姿で、戦国の気風の残る実戦的な城である。

▶**天秤櫓**

太鼓丸入口の櫓門《やぐらもん》。長浜城《ながはまじょう》の大手門《おおてもん》を移築したと伝わる。「天秤《てんびん》」と称され、よく見ると、左右の隅櫓《すみやぐら》の棟《むね》の向きが異なる。手前の橋の下は巨大な堀切になっており、通路でもある。

▼**玄宮園《げんきゅうえん》**

江戸時代前期に造られた大規模な池泉回遊式庭園であり、典型的な大名庭園である。隣接する槻御殿とともに、国の名勝に指定されている。

▶**天守**

三重三階の国宝天守である。屋根は入《いり》母屋破風《もやはふ》、唐破風《からはふ》、切妻破風《きりづまはふ》と多彩。二重目の金箔《きんぱく》の飾金具《かざりかなぐ》が荘重さを増す。

別名	金亀城[こんきじょう]
城地種類	平山城
築城年代	慶長9年(1604)
築城者	井伊直継・直孝
主要城主	井伊氏
文化財史跡区分	国指定特別史跡、国指定名勝、国宝1件(天守)、重要文化財5件
近年の主な復元・整備	平成17年より楽々園保存修理、平成21年度より玄宮園護岸保存整備、平成26~27年度馬屋保存修理
天守の現況・形態	望楼型　三重三階　木造(現存)
主な関連施設	玄宮園、楽々園、埋木舎、彦根城博物館
スタンプ設置所	開国記念館(彦根城城内)

＊彦根城博物館は、彦根藩の藩庁であった表御殿を復元。表御殿の表向部分を展示室、奥向部分を木造復元建築として公開している。常設展では彦根藩主井伊家に伝わる甲冑などの大名道具を中心とした展示をおこなっている。

日本100名城

No.51

安土城《あづちじょう》

近世城郭の始祖となった信長の城

滋賀県近江八幡市

主な遺構
天主台《てんしゅだい》、石垣、三重塔、二王門

見どころ
浅井《あざい》・朝倉《あさくら》両氏を滅ぼし、武田勝頼《たけだかつより》を長篠《ながしの》の戦いで撃破した織田信長《おだのぶなが》が天正《てんしょう》四年（一五七六）から築城を開始した城である。五重七階の豪壮華麗な天主が完成したのは天正七年。その三年後に起きた本能寺《ほんのうじ》の変《へん》で信長は天下統一前に横死《おうし》し、安土城の天主も原因不明の火災で焼失した。

安土城がすばらしいのは、近世城郭の祖型だからである。瓦葺《かわらぶ》きの高層天主、高石垣《たかいしがき》、虎口《こぐち》の枡形《ますがた》の工夫、城下町の整備など、信長の理念が注ぎ込まれている城といってよい。

▶黒鉄門跡《くろがねもんあと》
二の丸下段の虎口。枡形になっており石垣には巨石が使われている。石積は場所によって石の大きさや積み方が異なっている。

▼天主台礎石群
周囲を石塁《せきるい》で囲まれた地階（穴蔵《あなぐら》）に整然と天主の礎石が並ぶ。その数は東西10列、南北10列である。心柱《しんばしら》が立つはずの中央の礎石はない。

▶大手道
大手門《おおてもん》から山頂に向かう大手道は、両端に側溝があり、幅約6mの石段が180mほど直線的に伸びている。石仏が使われた石段もある。道の両側には家臣たちの屋敷が階段状に配置されていた。

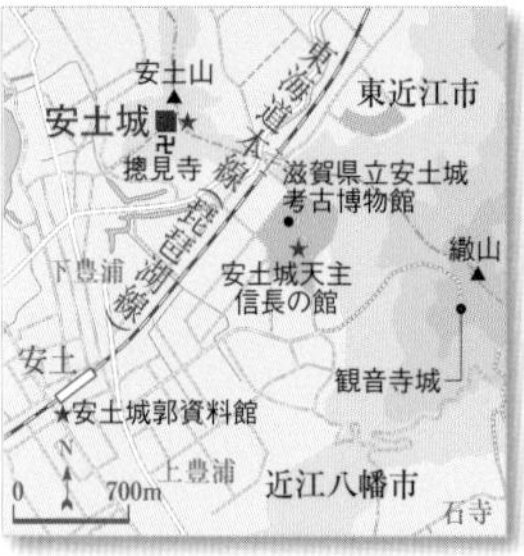

別名	ー
城地種類	山城
築城年代	天正4年（1576）
築城者	織田信長
主要城主	織田氏
文化財史跡区分	国指定特別史跡
近年の主な復元・整備	平成元～20年度「特別史跡安土城跡調査整備事業」が滋賀県主体により実施
天守の現況・形態	天主台の遺構が現存
主な関連施設	滋賀県立安土城考古博物館、安土城天主信長の館、安土城郭資料館
スタンプ設置所	安土城郭資料館、安土城天主信長の館、安土城跡

＊安土城に限って「天守」ではなく「天主」と表記する。天主台など安土山内の見学は有料。滋賀県立安土城考古博物館は、城郭関係では安土城跡・観音寺城跡・小谷城跡などの模型を展示している。

日本100名城 No.52

観音寺城《かんのんじじょう》

六角義賢が拠《よ》った総石垣の巨大山城

滋賀県近江八幡市

主な遺構

本丸、平井丸、池田丸、大石垣や山麓の御屋形跡など

見どころ

近江守護《おうみしゅご》佐々木六角《ささきろっかく》氏の居城。築城時期は不明であるが、一六世紀前半から中頃に石垣、石塁《せきるい》を築いて本格的に普請《ふしん》を行ったと考えられている。当時としては最先端をゆく城郭で、主郭《しゅかく》部の高石垣《たかいしがき》のほかに曲輪《くるわ》群を石垣で固めており、六角氏の居館には二階建ての御殿も存在していた。永禄《えいろく》一一年(一五六八)の上洛《じょうらく》戦の折、織田信長《おだのぶなが》は六角義《よし》賢《かた》・義治《よしはる》父子が逃亡したこの城に登っており、その威容を目にしたはずである。

▶平井丸南西隅の石垣

野面積《のづらづみ》の石垣は横長の粗割石《あらわりいし》を横にして積んでいるところがある。隅部《すみぶ》は算《さん》木積《ぎづみ》である。

▼観音寺城跡の繖山を望む

標高433mの繖山《きぬがさやま》の山頂から南斜面ほぼ全域にわたって石垣・石塁を巡らし、家臣団屋敷など大小無数の曲輪が築かれていた。

▶平井丸南虎口

城内最大規模の虎口《こぐち》である。長辺2mを超す巨石が用いられており、高さは約3.8mある。

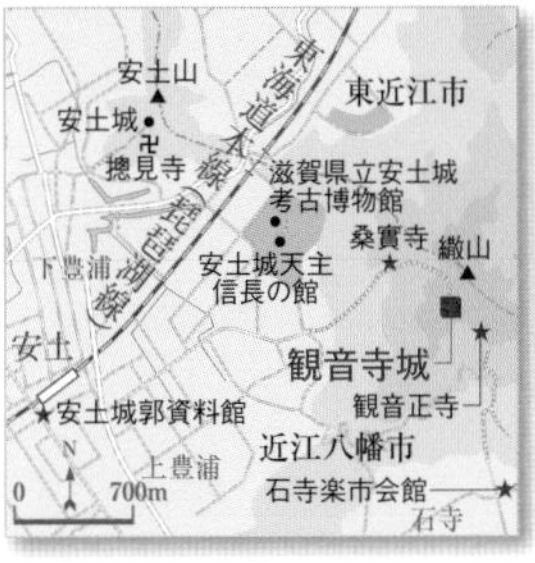

別名	佐々木城
城地種類	山城
築城年代	建武2年(1335)?、文明3年(1471)?
築城者	六角氏頼?(佐々木六角氏)
主要城主	佐々木六角氏
文化財史跡区分	国指定史跡
近年の主な復元・整備	ー
天守の現況・形態	ー
主な関連施設	滋賀県立安土城考古博物館
スタンプ設置所	石寺楽市会館、観音正寺、桑實寺、安土城郭資料館

＊滋賀県立安土城考古博物館では、観音寺城跡の地形復元模型を見ることができる。

二《に》条《じょう》城《じょう》

徳川幕府の盛衰を見届けた城

京都府京都市

主な遺構

二の丸御殿、唐門、東大手門《ひがしおおてもん》などの諸門、東南隅櫓《とうなんすみやぐら》・西南《せいなん》隅櫓《すみやぐら》、本丸御殿、天守《てんしゅ》跡、石垣、堀、二の丸庭園、本丸庭園、清流園

見どころ

二条城は徳川幕府《とくがわばくふ》の開府《かいふ》と終焉《しゅうえん》の舞台である。初代家康《いえやす》が征夷大将軍《せいいたいしょうぐん》拝賀の祝宴を催し、最後の将軍慶喜《よしのぶ》が大政奉《たいせいほう》還《かん》の意思を表明した城である。

現在の姿になったのは三代家光《いえみつ》のとき。家光は後水尾《ごみずのお》天皇の行幸《ぎょうこう》を仰ぐため、本丸御殿や天守を造築した。

豪華絢爛な二の丸御殿や大手門に目を奪われがちだが、櫓もお見逃しなく。

▶二の丸御殿
歴史の舞台となった現存する城郭御殿として国宝に指定されている。遠侍《とおざむらい》、武台《しきだい》、大広間、蘇鉄《そてつ》の間《ま》、黒書院《くろしょいん》、白書院《しろしょいん》など多くの建築群は将軍家の権威を今に伝える。

▼西南隅櫓
４間×５間の二重二階櫓。石落《いしおとし》は江戸時代末期の改修で加えられたという。

▶本丸西の石垣
家光が築いた天守は伏見城から移築した五重の層塔式《そうとうしき》だったが、落雷で焼失した。奥の石垣がその天守台である。手前は西虎口《にしこぐち》の出枡形《でますがた》と西橋。石積《いしずみ》の凜《りん》とした姿が美しい。

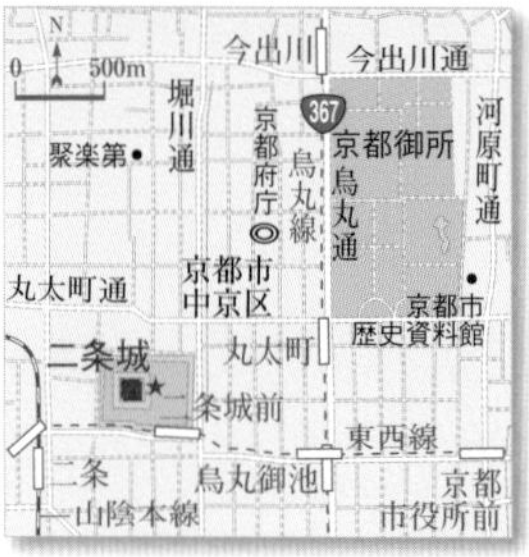

別名	―
城地種類	平城
築城年代	慶長8年(1603)、寛永3年(1626)
築城者	徳川家康、徳川家光
主要城主	徳川氏
文化財史跡区分	国指定史跡、国指定特別名勝、国宝6棟(二の丸御殿遠侍および車寄・式台・大広間・蘇鉄の間・黒書院・白書院)、重要文化財22棟(建造物)、障壁画1016面(美術工芸)
近年の主な復元・整備	平成23～25年度に二の丸御殿唐門本格修理、平成26～28年度に東大手門
天守の現況・形態	天守台のみ残る
主な関連施設	二条城障壁画 展示収蔵館
スタンプ設置所	総合案内所、大休憩所

＊二の丸御殿の閉館日は12月26日～28日、1月1日～3日、1･7･8･12月の毎週火曜日(休日の場合は翌日)

大阪城《おおさかじょう》

豊臣の城の上に築かれた徳川の最強城郭

大阪府大阪市

主な遺構

千貫櫓《せんがんやぐら》、乾櫓《いぬいやぐら》、一番櫓、六番櫓、金蔵《きんぞう》、焔硝蔵《えんしょうぐら》、本丸、石垣、堀

見どころ

現在、われわれが目にしている大阪城の天守《てんしゅ》は、実は三代目である。初代は豊臣秀吉《とよとみひでよし》が築いた大坂城《おおさかじょう》（明治以前はこう表記する）の天守である。五重六階地下二階、黒《くろ》漆塗《うるしぬり》の下見板張《したみいたばり》、金箔瓦《きんぱくがわら》の望《ぼう》楼型《ろうがた》天守だった。二代目の徳《とく》川秀忠《がわひでただ》再建のものは、豊臣時代の城跡に盛土をして建設され、五重五階地下一階、白漆《しろしっ》喰塗籠《くいぬりごめ》、瓦葺《かわらぶ》きの層塔《そうとう》型天守だった。今の天守は初代をモデルにして建てられている。

▶内堀石垣
要所要所に屈折が設けられ横矢《よこや》がかかるようになっている。

▼桜門と蛸石
桜門《さくらもん》は本丸の正門で、内部は枡形《ますがた》になっている。門は明治20年（1887）に再建されもの。突き当たりの石が蛸石《たこいし》。城内では最大の石で、推定108トン。

▶天守
昭和6年（1931）に建設された３代目天守は、日本初の鉄骨鉄筋コンクリート造の天守で、国の登録有形文化財。

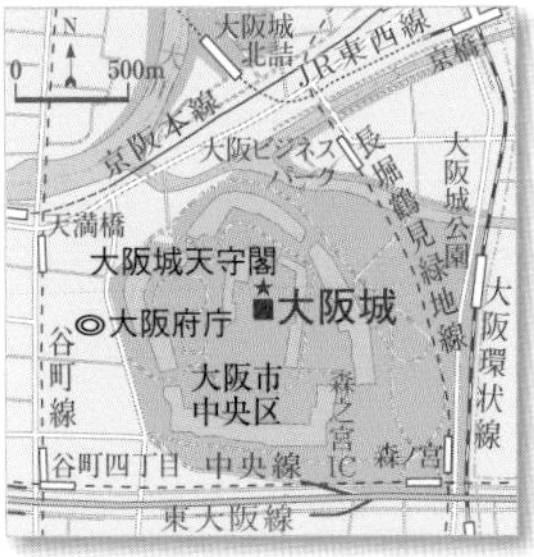

別名	錦城、金城
城地種類	平山城
築城年代	天正11年（1583）、元和6年（1620）
築城者	豊臣秀吉、徳川幕府
主要城主	豊臣氏、松平氏、徳川氏
文化財史跡区分	国指定特別史跡、重要文化財13件、登録有形文化財1件
近年の主な復元・整備	平成7～9年に天守閣改修
天守の現況・形態	望楼型　五重八階　鉄骨鉄筋コンクリート造
主な関連施設	ー
スタンプ設置所	天守閣１階インフォメーション

＊天守閣は入館料有料。

日本100名城

No.55

千早城《ちはやじょう》

大阪府南河内郡千早赤阪村

鎌倉幕府軍を翻弄した楠木正成の城

主な遺構

本丸、二の丸、三の丸、茶屋の壇《だん》、空堀《からぼり》

見どころ

千早城は後醍醐天皇《ごだいごてんのう》の挙兵に応じた楠木正成《くすのきまさしげ》が、元弘《げんこう》二年（一三三二）、楠木城（上赤坂城《かみあかさか》）と共に中心的な山域《やまいき》として築いた城。正成はこの城で鎌倉幕府《かまくらばくふ》の大軍を、奇手奇策を繰り出して翻弄《ほんろう》した。

現在、千早城跡には千早神社が建立され、改変されてはいるが曲輪《くるわ》跡や空堀《からぼり》、竪堀《たてぼり》、堀切《ほりきり》などが残っている。

金剛山《こんごうさん》山頂への登山ルートが城見学のルートになっている。ただし、足ごしらえはしっかりしておくのがよい。

▶四の丸跡
ここも千早神社の域内で、一番広い曲輪である。

▼史蹟 千早城阯の碑
二の丸跡に建てられている。

▲北から見た千早城跡
城は金剛山の中腹に築かれた。金剛山山頂への登山ルートを進めば、登山口から城跡まで約20 ～ 30分。急な登りが続き、かなりきつい。

別名	−
城地種類	山城
築城年代	元弘2年（正慶元、1332）
築城者	楠木正成
主要城主	楠木氏
文化財史跡区分	国指定史跡
近年の主な復元・整備	−
天守の現況・形態	−
主な関連施設	千早神社
スタンプ設置所	金剛山麓「まつまさ」

竹田城《たけだじょう》

天空に浮かぶ総石垣の城

兵庫県朝来市

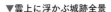

主な遺構

本丸・二の丸・三の丸・北千畳《きたせんじょう》・南千畳《みなみせんじょう》など、天守台《てんしゅだい》、石垣

見どころ

竹田城は一五世紀前半に築かれた山城《やまじろ》である。羽柴秀吉《はしばひでよし》の但馬《たじま》攻めで落城し、天正《てんしょう》一三年(一五八五)に城主となった赤松広秀《あかまつひろひで》が現在の石垣を築いたと考えられている。関ヶ原の戦い当初、広秀は西軍についた。後に東軍に味方して鳥取城《とっとりじょう》を攻めたが、徳川家康《とくがわいえやす》によって自刃させられ、竹田城は廃城となった。

見どころは石垣で、総石垣の竹田城には当時の最先端の技法が詰め込まれている。

▶天守台南西面の石垣
見事な高石垣《たかいしがき》は高さ約10m。手前の石段は本丸にあがるためのもの。天守台には石段はない。

▼雲上に浮かぶ城跡全景
標高約354mの山頂部(中央)が本丸、左が南千畳、右が北千畳である。谷間に雲が流れ、城跡だけが浮かび上がる様は荘厳な雰囲気を醸《かも》し出す。
(写真提供＝吉田利栄)

▶天守台より南千畳を望む
本丸と南千畳の間は枡形《ますがた》虎口《こぐち》と屈折が連続し、櫓台と組み合わされている。

別名	虎臥城[とらふすじょう]
城地種類	山城
築城年代	嘉吉年間(1441～44)、天正13年～慶長5年(1585～1600)
築城者	山名宗全、赤松広秀
主要城主	太田垣氏、桑山氏、赤松氏
文化財史跡区分	国指定史跡
近年の主な復元・整備	三の丸石畳
天守の現況・形態	天守台のみ現存
主な関連施設	―
スタンプ設置所	JR竹田駅、「山城の郷(さと)」、観覧料収受棟、情報館天空の城

＊「情報館天空の城」「山城の郷」には竹田城の資料が展示されている。

篠山城《ささやまじょう》

天下普請で築かれた大坂城包囲網の城

兵庫県丹波篠山市

主な遺構

本丸、二の丸、三の丸、天守台《てんしゅ》、石垣、堀、南馬出《みなみうまだし》、東馬出《ひがしうまだし》

見どころ

篠山城は、徳川家康《とくがわいえやす》が大坂《おおさか》城の豊臣《とよとみ》氏との戦いに備えて築いた城である。普請総奉行《ふしんそうぶぎょう》は池田輝政《いけだてるまさ》、縄張《なわばり》は藤堂高虎《とうどうたかとら》が担当した。二〇人の西国大名を動員する天下普請《てんかぶしん》であった。

縄張は北東隅に隅欠《すみか》きのある「回」の字型。中心部の本丸と二の丸はすべて高石垣《たかいしがき》とし、その外側を内堀・三の丸・外堀が巡っている。三の丸の三か所の虎口《こぐち》はいずれも角馬出《かくうまだし》と枡形《ますがた》を組み合わせ、堅く守られている。

▶南外堀
幅の広い外堀は堅固な馬出虎口との相乗効果で防御力を高めていた。

▼天守台南東面
高さ17mの高石垣で築かれているが、天守は建てられなかった。

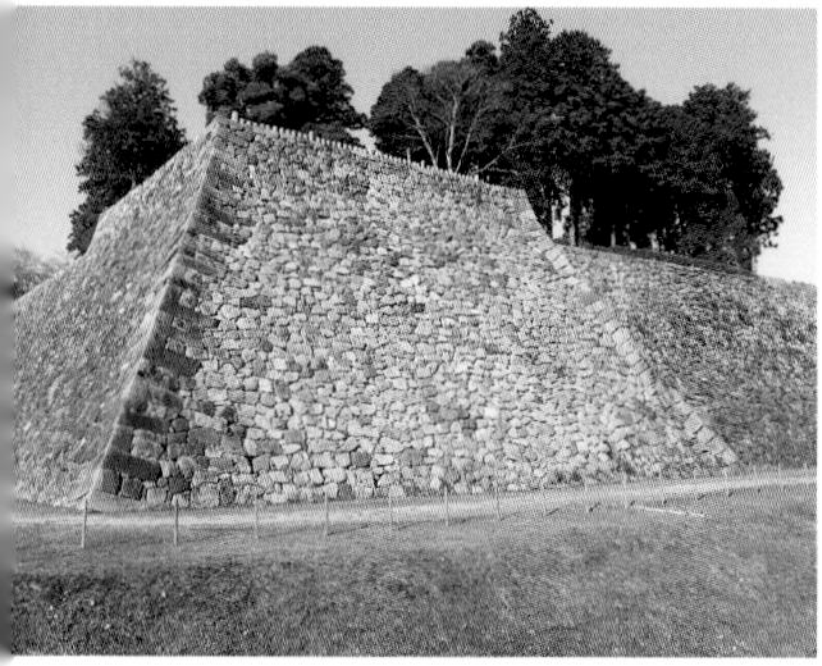

▶復元された大書院
大書院《おおしょいん》は饗応《きょうおう》、儀式の場に使われた建物である。平成12年(2000)に二の丸北側に再建された。手前には付属した建物群の跡が平面表示されている。

別名	桐ヶ城
城地種類	平山城
築城年代	慶長14年(1609)
築城者	徳川家康
主要城主	松平(松井)氏、松平(藤井)氏、松平(形原)氏、青山氏
文化財史跡区分	国指定史跡、国選定重要伝統的建造物群保存地区
近年の主な復元・整備	平成12年に大書院復元、平成14年に二の丸御殿庭園開園
天守の現況・形態	天守台のみ残る
主な関連施設	青山歴史村、歴史美術館、武家屋敷安間家史料館
スタンプ設置所	大書院館内

＊青山歴史村は、篠山藩関係の資料を中心に篠山城の絵図なども所蔵・展示している。

明《あか》石《し》城《じょう》

将軍秀忠が執心した西国を睨《にら》む堅城

兵庫県明石市

主な遺構

巽櫓《たつみやぐら》、坤櫓《ひつじさるやぐら》、本丸、東の丸、天守台《てんしゅだい》、石垣、土塁《どるい》

見どころ

明石城は大坂《おおさか》夏の陣で豊臣《とよとみ》氏が滅び、一国一城令《いっこくいちじょうれい》が下されてから四年後に完成した城である。築城者は小笠原忠政《おがさわらただまさ》(のちの忠真《ただざね》)だが、築城を命じたのは二代将軍徳川秀忠《とくがわひでただ》である。秀忠はまだ西国の諸大名に対する警戒心を解いてはいなかったのである。

城は明石海峡を望む丘陵地に連郭式《れんかくしき》に築かれ、本丸・二の丸・三の丸(東の丸)の石垣・堀の工事は幕府直営でおこなわれた。天守台はあるが、天守は建てられなかった。

▶坤櫓(左)と巽櫓(右)
本丸四隅には三重の隅櫓《すみやぐら》が建てられたが、現存するのは坤《ひつじさる》と巽《たつみ》櫓のみ。築城から現存する三重櫓は全国に12基だけで、そのうちの希少な2基が明石城にある。

▼天守台
豪壮な高石垣《たかいしがき》である。約500㎡の広さの天守台には、ついに天守は築かれなかった。

▶坤櫓
西南隅に建てられた城内最大の櫓で、天守の代用にされたとみられる。伏見城《ふしみじょう》の遺構である。千鳥破《ちどりは》風《ふ》、唐破風《からはふ》、入母屋破風《いりもやはふ》の取り合わせが美しい。

別名	喜春城
城地種類	平山城
築城年代	元和5年(1619)
築城者	小笠原忠政(のちの忠真)
主要城主	小笠原氏、松平(戸田)氏、大久保氏、松平(藤井)氏、本多氏、松平(越前)氏
文化財史跡区分	国指定史跡、重要文化財2件
近年の主な復元・整備	阪神・淡路大震災災害復旧(平成7~8年に石垣復旧、平成9~11年に巽櫓・坤櫓復旧)、平成9~11年に土塀を復元、平成12年土塀修復
天守の現況・形態	天守台のみ残る
主な関連施設	明石市立文化博物館
スタンプ設置所	明石公園サービスセンター、明石市立文化博物館

＊明石市立文化博物館は、城郭関係では明石城と城下町に関するテーマで常設展示をおこなっている。

姫路城《ひめじじょう》

迷宮のごとき白亜の世界遺産

兵庫県姫路市

主な遺構

天守《てんしゅ》群、櫓《やぐら》・門多数、本丸、二の丸、西の丸、三の丸、石垣、堀

見どころ

黒田孝高《くろだよしたか》の居城を羽柴秀吉《はしばひでよし》が改修したのが天正《てんしょう》八年（一五八〇）、関《せき》ヶ原《はら》の戦い後、池田輝政《いけだてるまさ》が入り大改修を行い、連立式天守《れんりつしきてんしゅ》を完成させ、さらにその後、本多忠政《ほんだただまさ》が入城して西の丸などを増築し、現在の姿にした。

　姫路城は天守群の美しさ、複雑な縄張《なわばり》など、困るくらいに見どころが多い。数多く残されている城門を巡りながら、技巧的・実戦的な築城術を堪能してほしい。

▶菱の門
二の丸入口の櫓門《やぐらもん》。出格子窓《でごうしまど》、華頭窓《かとうまど》、竪格子窓《たてごうしまど》につけられた金箔の飾金具《かざりかなぐ》が華麗さを添える。

▼「い」の門
菱《ひし》の門をくぐり直進すると「い」の門（高麗門《こうらいもん》）である。天守へ直行する順路の最初の門で、姫路城に隠されたさまざまな仕掛け（防御システム）を体験できる。

▶三国堀《さんごくぼり》越しに見た天守群
左から乾小天守《いぬいこてんしゅ》、西小天守《にしこてんしゅ》、大天守《だいてんしゅ》。東小天守を含めた四つの天守間は、渡櫓《わたりやぐら》で結ばれている。天守群は見る方向・角度によってさまざまな美しさを見せる。

別名	白鷺城[はくろじょう]
城地種類	平山城
築城年代	天正8年（1580）、慶長6年（1601）
築城者	羽柴（豊臣）秀吉、池田輝政
主要城主	豊臣氏、池田氏、本多氏、松平(奥平)氏、松平(結城)氏、榊原氏、酒井氏
文化財史跡区分	国指定特別史跡、国宝8件（大天守、東・西・乾小天守、イ・ロ・ハ・二の渡櫓）、重要文化財74件
近年の主な復元・整備	平成21年～27年まで約5年半かけて修理を実施
天守の現況・形態	望楼型　五重六階地下一階　木造（現存）
主な関連施設	兵庫県立歴史博物館、姫路城西御屋敷跡庭園「好古園」
スタンプ設置所	管理事務所入口（入城口横）

＊兵庫県立歴史博物館では、城に関しては「城と城下町」の常設展示があり、姫路城および城郭研究に関する情報や研究成果などが紹介されている。

赤穂城《あこうじょう》

軍学の粋を具現した独特の城

兵庫県赤穂市

主な遺構

本丸、二之丸、三之丸、天守《てんしゅ》台、石垣、堀、池泉《ちせん》庭園

見どころ

赤穂浪士《あこうろうし》で有名な城である。常陸笠間《ひたちかさま》から入封《にゅうほう》した浅野長《あさのなが》直《なお》が、慶安《けいあん》元年(一六四八)から築城を開始し、近世城郭として整備した。千種川《ちくさがわ》の三角州上に築かれた城は、海を背にした海城《うみじろ》でもあった。縄張《なわばり》は甲州流《こうしゅうりゅう》と山鹿流《やまがりゅう》を取り入れたと伝わり、櫓台《やぐらだい》を石垣の塁《るい》線《せん》から突出させるなど、横矢《よこや》がかりを多くしている。城内には大石良雄《おおいしよしたか》宅跡長屋門などのほか大石神社、武家屋敷公園などがあり、「義士」ファンには魅力的な城である。

▶天守台

本丸は堀と二の丸で囲まれ、二の丸は低い石垣で南北に分けられていた。本丸には天守台はあるが、天守は築かれなかった。

▼本丸厩口門と水堀

多くの折《おれ》をもった石垣と水堀が複雑な光景を生み出す。厩口門《うまやぐちもん》(高麗門《こうらいもん》)の後方に見えるのは隅櫓《すみやぐら》台。

▶三の丸隅櫓(右)と大手門(左)

二重二階の隅櫓《すみやぐら》は古写真をもとに、昭和30年(1955)に再建された。初重《しょじゅう》には破風付出窓《はふつきでまど》がある。左方の大手門《おおてもん》は枡形《ますがた》を形成している。

別名	加里屋城、仮屋城、苅屋城、蓼城
城地種類	平城(海城)
築城年代	慶安元年(1648)～寛文元年(1661)
築城者	浅野長直
主要城主	浅野氏、永井氏、森氏
文化財史跡区分	国指定史跡、国指定名勝
近年の主な復元・整備	平成14年までに本丸庭園、本丸門、厩口門、二之丸米蔵、大手門枡形を復元整備。平成11年に近藤源八宅跡長屋門（市指定文化財)を復元整備。現在二之丸庭園の整備、石垣の修理を実施中
天守の現況・形態	天守台のみ残る
主な関連施設	赤穂市立歴史博物館、赤穂大石神社
スタンプ設置所	本丸櫓門下、赤穂市立歴史博物館

＊本丸・二之丸庭園は12月28日～1月4日の間休園。赤穂市立歴史博物館では、赤穂の城と城下町を紹介するコーナーがあり、赤穂城復元模型なども展示されている。

日本100名城

No.61

高取城《たかとりじょう》

広大にして比高随一の近世山城

奈良県高市郡高取町

主な遺構

本丸、二の丸、三の丸、石垣、堀、移築城門

見どころ

高取城は奈良盆地の南、標高五八三mの山頂を中心に築かれた近世山城《やまじろ》である。一四世紀前期には存在していたらしいが、近世城郭に仕上げたのは羽柴《はしば》(豊臣《とよとみ》)秀長《ひでなが》配下の本多氏である。

広大な山城は郭内《かくない》と城内に分けられ、郭内は釘抜門《くぎぬきもん》(上《かみ》土《と》佐《さ》「札《ふだ》の辻《つじ》」)から内側、城内は二の門・壺坂口門《つぼさかぐちもん》・吉野口門《よしのぐちもん》より内側を指した。本丸以下の中枢部は総石垣《そういしがき》で、高度な縄張《なわばり》である。枡形虎口《ますがたこぐち》を巧みに配した縄張である。高石垣《たかいしがき》がすばらしい。

▶**高取山城遠望**

標高583m、城下の黒門《くろもん》跡からの比高《ひこう》390mは「日本三山城」の名に恥じない。かつてはこの山中に天守《てんしゅ》・小天守《しょうてんしゅ》と33の門、27の櫓《やぐら》が建ち並んでいた。

▼**大手門跡**

二の丸入口の門。石垣の上には櫓が載っていた。

▶**天守台**

高さ約10mの天守台《てんしゅだい》高石垣。この上に明治初年まで三重《さんじゅう》の天守が確かに建っていた。右端に見えるのは小天守台。

別名	芙蓉城[ふようじょう]
城地種類	山城
築城年代	元弘2年(正慶元、1332)頃、天正13年(1585)
築城者	越智邦澄、本多利朝
主要城主	越智氏、本多氏、植村氏
文化財史跡区分	国指定史跡
近年の主な復元・整備	平成10年の台風の影響による倒木等を除去。その際、石垣も一部修復された
天守の現況・形態	天守台のみ現存
主な関連施設	ー
スタンプ設置所	高取町観光案内所「夢創館」

＊城は城内と郭内に分けられ、城内は約10,000㎡、周囲約3㎞。郭内は約60,000㎡、周囲約30㎞。

日本100名城

No.62

和《わ》歌《か》山《やま》城《じょう》

紀伊徳川家の威光を示す城

和歌山県和歌山市

主な遺構

岡口門《おかぐちもん》、岡口門附土塀、追廻門《おいまわしもん》、井戸屋形、西之丸庭園(紅葉渓庭園《もみじだにていえん》)、石垣、堀

見どころ

天正《てんしょう》一三年(一五八五)、紀伊《きい》を平定した羽柴秀吉《はしばひでよし》に命じられ、弟秀長《ひでなが》が築城を開始。翌年秀長の城代《じょうだい》桑山重晴《くわやましげはる》が入城、関ヶ原《せきがはら》の戦い後には浅野《あさの》幸長《よしなが》が入り、城は大拡張された。その後、徳川家康《とくがわいえやす》の十男頼宣《よりのぶ》が入封《にゅうほう》し、御三家《ごさんけ》の格式にかなう大城郭に拡張した。

見どころは石垣。豊臣《とよとみ》期、浅野期、徳川期の三期にわたって築かれた石垣は石の種類が異なり、工法も野面積《のづらづみ》、打込接《うちこみはぎ》、切込接《きりこみはぎ》へと変化している。

▶大天守(左)と小天守(右)

戦災により焼失したが、嘉永《かえい》3年(1850)に再建された天守《てんしゅ》の図面などをもとに、昭和33年(1958)に鉄筋コンクリート造で再建された。

▼一の橋・大手門

浅野期の途中から、大手門《おおてもん》となった。現在の門は昭和58年(1983)に再建。

▶御橋廊下

二の丸と西の丸を往来するための橋。かつては藩主と付人《つきびと》だけしか通れなかったが、今では誰でも通れる橋として復元されている。後方は天守閣。

別名	竹垣城、虎伏城
城地種類	平山城
築城年代	天正13年(1585)、慶長5年(1600)、元和7年(1621)
築城者	羽柴(豊臣)秀長、浅野幸長、徳川頼宣
主要城主	羽柴(豊臣)氏、桑山氏、浅野氏、徳川氏
文化財史跡区分	国指定史跡、国指定名勝
近年の主な復元・整備	平成18年に御橋廊下を復元、表坂入口付近・西の丸西側石垣修理など
天守の現況・形態	層塔型　三重三階　鉄筋コンクリート造(一部木造)
主な関連施設	和歌山市立博物館、和歌山県立博物館、時鐘堂から吉宗生誕碑・寺町など
スタンプ設置所	和歌山城天守閣チケット売場

＊麓の「わかやま歴史館」歴史展示室では、和歌山城に関する資料を展示し、近世後期の和歌山城内郭をCGで再現した番組を上映している。

日本100名城

No.63

鳥取城《とっとりじょう》

中世と近世が共存した堅城

鳥取県鳥取市

主な遺構

石垣、堀

見どころ

鳥取城は「日本《ひのもと》にかくれなき名山」に築かれた山城《やまじろ》と知られ、織田信長が「名城」と称した。歴史的に著名な羽柴《はしば》(豊臣《とよとみ》)秀吉《ひでよし》の兵糧《ひょうろう》攻めの舞台となり、鳥取城本丸から東に約一・三㎞の秀吉本陣・太《たい》閤ヶ平《こうがなる》も見応えがある。江戸時代には、山麓が三十二万石の居城として整備され、現在、大手登城路《おおてとじょうろ》周辺を復元が進む。

城は、山上《さんじょう》ノ丸《まる》と山下《さんげ》ノ丸からなり、山頂の本丸からの眺めは素晴らしく、鳥取砂丘や日本海を望むこともできる。

▶内堀越しに望む久松山

久松山《きゅうしょうざん》は標高263m。その山頂に付櫓《つけやぐら》をもつ複合天守《ふくごうてんしゅ》が建てられていた。山腹にも多くの削平地がある。中ほどの高石垣《たかいしがき》は二ノ丸の石垣で、ひときわ高いのが三階櫓台。

▼天球丸の巻石垣(復元)

日本唯一の球面石垣。文化4年(1807)頃、内部の石垣の孕み出しを防止するために築かれた。

▶中ノ御門表門と擬宝珠《ぎぼし》橋(復元)

元和7年(1621)創建されたものを近年復元した。中ノ御門表門は同型式では国内最大級、手前の擬宝珠橋は城郭の復元橋として日本一の長さを誇る。

別名	ー
城地種類	山城→平山城
築城年代	天文年間、慶長7年(1602)頃、元和7年(1621)頃
築城者	山名誠通、宮部継潤、池田長吉、池田光政
主要城主	武田氏、山名氏、吉川氏、宮部氏、池田氏(池田輝政弟)、池田氏(宗家)、鳥取池田氏
文化財史跡区分	国指定史跡
近年の主な復元・整備	昭和18年の鳥取大震災等で破損した天球丸などの石垣の修復
天守の現況・形態	天守台のみ残る
主な関連施設	鳥取市歴史博物館(やまびこ館)、鳥取県立博物館、仁風閣
スタンプ設置所	鳥取城跡内「重要文化財 仁風閣」内

＊主な関連施設で鳥取城の各種資料が展示されており、とくにやまびこ館では鳥取城下町、県立博物館や仁風閣では大名池田家に関する展示が充実している。

松《まつ》江《え》城《じょう》

戦国の気風を伝える天守の城

島根県松江市

主な遺構

天守《てんしゅ》、櫓《やぐら》群、本丸、二の丸、石垣、堀

見どころ

関《せき》ケ原《はら》の戦いの論功行賞《ろんこうこうしょう》で堀《ほり》尾《お》吉晴《よしはる》が嫡子《ちゃくし》忠氏《ただうじ》とともに入封《にゅうほう》して築城した城である。

天守は山陰地方に現存するただ一つの天守である。じつに実戦的な天守で、敵を欺くような石落《いしおとし》、総桐の階段、井戸を設置するなど、天守内部での戦闘を想定した防御策がとられている。天守台の石垣は野《の》面積《づらづみ》と打込接《うちこみはぎ》の併用である。

二の丸下の段、北の丸などは土塁《どるい》だが、二の丸上の段と本丸は折《おれ》を多用した高石垣《たかいしがき》で囲み、ここから鉄砲を重層的に活用できるようにしている。

▶南櫓(左)と中櫓(右)

平成13年(2001)、二の丸上の段に太鼓櫓《たいこやぐら》とともに復元された櫓群。勾配の美しい高石垣は塁線《るいせん》が折られ、本丸東側を固く防御している。

▼南多聞櫓と一の門

一の門は二の丸上の段から本丸に通じる門。

▶天守

現存12天守のひとつ。平成27年(2015)7月、国宝に指定された。二重櫓の上に二重櫓を載《の》せた四重五階の望楼《ぼうろう》型天守。手前は附櫓《つけやぐら》である。下見板張《したみいたばり》の様式が古式を伝え、唐破風《からはふ》はなく、すべてが入母屋破風《いりもやはふ》となっている。90を超す鉄砲狭間《てっぽうさま》や内部に井戸まで備えた、きわめて戦闘的な天守である。

別名	千鳥城
城地種類	平山城
築城年代	慶長16年(1611)
築城者	堀尾吉晴(藩主は忠晴)
主要城主	堀尾氏、京極氏、松平氏
文化財史跡区分	国指定史跡、国宝1件(天守)
近年の主な復元・整備	平成13年に二の丸の南櫓、中櫓、太鼓櫓を復元
天守の現況・形態	複合式望楼型　四重五階地下一階　木造(現存)
主な関連施設	興雲閣
スタンプ設置所	松江城天守内受付窓口

月《がっ》山《さん》富《と》田《だ》城《じょう》

毛利氏も攻めあぐねた尼子氏の巨城

島根県安来市

主な遺構

曲輪《くるわ》群、石垣、堀切《ほりきり》

見どころ

月山富田城は戦国大名尼子《あまご》氏の居城だったが毛利《もうり》氏に滅ぼされ、関ヶ原の戦い後に入《にゅう》封《ほう》した堀《ほり》尾《お》吉晴《よしはる》が近世城郭に改修した。

山頂近くに主郭《しゅかく》部があり、本丸、二ノ丸、三ノ丸の石垣は「段築《だんちく》」と呼ばれる低い石垣を段々に積み重ねる工法で築かれている。二ノ丸と本丸の間には深い堀切がある。これも見どころの一つだろう。

写真でとり上げた曲輪のほかに西袖《そで》ケ《が》平《ひら》、千畳平《せんじょうひら》、太《たい》鼓壇《こだん》、能楽平《のうがくひら》などがあるのでゆっくり回るとよい。

▶山中御殿跡

三方が石垣によって囲まれている広大な曲輪《くるわ》で、月山のほぼ中腹に位置している。

▼大手門石垣

西の御《お》子《こ》守口《もりぐち》に幅約15m、高さ約4.5mの大手門があったとされる。

▶復元整備された花ノ壇の屋敷

主屋《おもや》と侍所《さむらいどころ》として復元された掘立柱建物《ほったてばしらたてもの》2棟が配置されている。

別名	月山城、富田城
城地種類	山城
築城年代	平安時代？
築城者	不明
主要城主	尼子氏、毛利氏、吉川氏、堀尾氏
文化財史跡区分	国指定史跡
近年の主な復元・整備	令和3年まで、三ノ丸など山頂部、千畳平・馬乗馬場など樹木整備を行う
天守の現況・形態	ー
主な関連施設	安来市立歴史資料館、新宮党館跡
スタンプ設置所	安来市立歴史資料館（安来市広瀬町町帳752）

＊安来市立歴史資料館には月山富田城の歴史に関するものや、城内から出土した遺物が展示されている。

津《つ》和《わ》野《の》城《じょう》

島根県鹿足郡津和野町

中世の縄張を生かした総石垣の山城

主な遺構

本丸、二の丸、三の丸、石垣

見どころ

鎌倉《かまくら》時代末期に創築された中世城郭を、関《せき》ヶ原《はら》の戦いの軍功で入城した坂崎直盛《さかざきなおもり》が総《そう》石垣《いしがき》の近世城郭に大改造した。なお、今に残る美しい城下町は後年入城した亀《かめ》井《い》氏によって整備された。

直盛は城山の最高所を本丸(三十間台《さんじっけんだい》)とし、そこから一段下がって天守台《てんしゅだい》を築き、北・西・南の尾根上に曲輪《くるわ》を造り、さらに北の離れた尾根に出丸《でまる》(織《おり》部《べ》丸《まる》)を築いた。尾根上の急峻な地形に築かれているため石垣はそれほど高くはないが、階段状につながる様は雄大。

▶津和野城遠望

南北に階段状につらなる石垣。左の一番低いのは三の丸、突き出ているのが人質櫓台《ひとじちやぐらだい》、最高所が本丸(三十間台)でその右が太鼓丸《たいこまる》。

▼人質櫓台の石垣

城内で一番優れた石垣であることにまちがいない。算木積《さんきづみ》が作る曲線が美しい。高さは10mを超し、本丸の南に突き出るように築かれている。

▶本丸(三十間台)から見た人質櫓台と三の丸

細い尾根に築かれていることがよくわかる。

別名	三本松城、蕗城[つわぶきじょう]、橐吾城[たくごじょう]
城地種類	山城
築城年代	永仁3年(1295)、慶長6年(1601)
築城者	吉見頼行、坂崎直盛
主要城主	吉見氏、坂崎氏、亀井氏
文化財史跡区分	国指定史跡
近年の主な復元・整備	出丸石垣整備、津和野城VRアプリ
天守の現況・形態	天守台のみ残る
主な関連施設	津和野藩御殿跡、馬場先櫓、物見櫓
スタンプ設置所	リフト茶屋

津《つ》山《やま》城《じょう》

重畳と連なる高石垣の城

岡山県津山市

主な遺構

本丸、二の丸、三の丸、石垣

見どころ

関《せき》ヶ原《はら》の戦い後、森蘭丸《もりらんまる》の弟忠政《ただまさ》が一三年間を要して築いた平山城《ひらやまじろ》。現在、建物の遺構はないがその雄大さはきわだっている。本丸、二の丸、三の丸を雛壇状《ひなだんじょう》に配した「一《ひ》二《ふ》三《み》段《だん》」と呼ばれる高石垣《たかいしがき》の重なりが見る者を威圧する。石垣は折《おれ》が多く、城門は枡形《ますがた》で防御が固い。大手道《おおてみち》で三の丸から本丸までの直線距離約一五〇mを進むのに、五つの門を通らなければならないほど厳重である。いまだ戦塵《せんじん》が漂う時期の築城だったため、実戦的な縄張《なわばり》になっている。

▶天守台

穴蔵《あなぐら》をもつ天守台《てんしゅだい》である。地下1階地上5階の初期層塔型《そうとうがた》の天守が建っていた。

▼粟積櫓《あわつみやぐら》

本丸北方の守りを固める櫓で、大戸櫓《だいとやぐら》と並んで建てられていた。急勾配の石垣が見事である。

▶備中櫓《びっちゅうやぐら》

二の丸四脚門《しきゃくもん》を見おろす本丸南側に建てられている巨大な櫓《やぐら》。平成17年(2005)に発掘調査成果や古写真、指図をもとに再建された。昔日は本丸だけで大小の櫓31棟、門15棟が連なっていた。

別名	―
城地種類	平山城
築城年代	慶長9年(1604)
築城者	森忠政
主要城主	森氏、松平(越前)氏
文化財史跡区分	国指定史跡
近年の主な復元・整備	平成17年に本丸備中櫓(延べ床面積287.67㎡)を木造で復元整備
天守の現況・形態	天守台のみ残る
主な関連施設	名勝旧津山藩別邸庭園(衆楽園)、津山郷土博物館
スタンプ設置所	津山城備中櫓受付

＊津山郷土博物館は、地質時代から現代までの津山の歩みを通史的に紹介しており、近世のコーナーでは津山城復元模型や藩関係の資料などを展示している。

日本100名城

No.68

備中松山城《びっちゅうまつやまじょう》

山城唯一の現存天守が残る堅城

岡山県高梁市

主な遺構

天守《てんしゅ》、二重櫓《にじゅうやぐら》、三《さん》の平櫓東《ひらやぐらひがし》土《ど》塀《べい》、本丸、二の丸、三の丸、石垣

見どころ

一三世紀中頃に築かれた山《やま》城《じろ》を、江戸《えど》時代に小堀《こぼり》氏が整備し、その後水谷《みずのや》氏が大改修した近世城郭。標高四三〇mの小松山《こまつやま》山頂に建つ天守は、小規模だが山城に現存する唯一の天守である。

城は大松山城《おおまつやまじょう》などの山城をいわば放棄し、小松山を中心に近世城郭に改築された。主要な曲輪《くるわ》は階段状に配され、高石垣《たかいしがき》が強固な防御線を構成している。

▶二の平櫓跡と三の平櫓跡間の土塀

手前が現存土塀で、奥が復元された土塀。

▼岩盤上に築かれた石垣

大手門《おおてもん》跡北側の岩盤上に築かれた高石垣。枡形《ますがた》の大手門周辺は強力な迎撃網が敷かれている。

▶二の丸跡から見た本丸

左から六の平櫓、南御門《みなみごもん》(櫓間にわずかに見える)、五の平櫓、天守。天守は二重二階で、出窓《でまど》と大きめの唐破風《からはふ》で装飾されている。内部には板石製の長囲炉裏《ながいろり》などがある。門、土塀は平成9年(1997)に復元された。

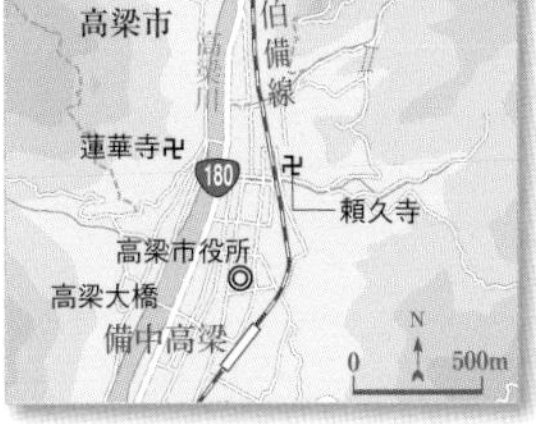

別名	ー
城地種類	山城
築城年代	延応2年(1240)、慶長10年(1605)ころ、天和3年(1683)
築城者	秋庭重信、小堀遠州(政一)、水谷勝宗
主要城主	秋庭氏、高橋氏、上野氏、庄氏、三村氏、毛利氏、小堀氏、池田氏、水谷氏、安藤氏、石川氏、板倉氏
文化財史跡区分	国指定史跡、重要文化財3件
近年の主な復元・整備	平成9年に本丸の復元整備(櫓2棟、門4棟、土塀)、平成15年に天守および二重櫓保存修理
天守の現況・形態	二重二階　木造(現存)
主な関連施設	御根小屋跡、頼久寺庭園、高梁市歴史美術館、武家屋敷
スタンプ設置所	備中松山城券売所(12月29日〜1月3日休館)

鬼《き》ノ《の》城《じょう》

天険の地に築かれた謎の古代山城

岡山県総社市

主な遺構

城門、角楼、城壁(版築土塁《はんちくどるい》)、高石垣・屏風折《びょうぶお》れの石垣)、水門、礎石建物群

見どころ

吉備《きび》平野を見おろす標高約四〇〇mの鬼城山《きのじょうさん》に築かれた謎の古代山城《さんじょう》である。城は、版築で突き固めた土塁を主体に長さ約二・八kmの城壁で囲むが、要所では高石垣《たかいしがき》による石塁で築き、また城内の排水を目的とする水門も築く。版築とは壁土を特定の厚さで層状につき固める工法。築城時期は七世紀後半の築城説が有力である。吉備平野は古代遺跡の宝庫であり、それを眼下に望むだけでも、眼福《がんぷく》だろう。

▶**屏風折れの石垣**

立てた屏風《びょうぶ》のように折《おれ》をもって続く高石垣が尾根沿いに張り出している。写真右下は断崖絶壁となっている。

▼**第二水門**

谷の水を城外に排出する施設で、下部を石垣で強化し、上部に土塁を築く。第二水門では石垣と土塁の境目に排水口がある。水門は城の南側6か所に設けている。

▶**復元された西門**

城内には4つの城門がある。3間×2間(約5.4×3.6m)で構成される木造三階建て。一階通路の石敷は築城当時のもので、門扉の加工が施されている。

別名	鬼城山[きのじょうさん]
城地種類	山城(神籠石系)
築城年代	7世紀後半説が有力
築城者	大和朝廷が有力
主要城主	ー
文化財史跡区分	国指定史跡
近年の主な復元・整備	平成13年より角楼、西門から第0水門に至る城壁線の復元整備を実施したほか北門・東門・西門の表示整備も実施
天守の現況・形態	ー
主な関連施設	鬼城山ビジターセンター、総社市埋蔵文化財学習の館
スタンプ設置所	鬼城山ビジターセンター

＊「鬼城山」は指定史跡名。鬼城山ビジターセンターでは鬼ノ城全体を復元した模型や城壁からはぎ取った土塁の壁などが展示されており、鬼ノ城の概要が紹介されている。休館日は月曜日(祝日の場合は翌平日)、12月29日～1月3日。

岡山城《おかやまじょう》

金箔が彩る宇喜多秀家の烏城《うじょう》

岡山県岡山市

主な遺構

月見櫓《つきみやぐら》、西丸西手櫓《にしてやぐら》、本丸、伝旧本丸、西の丸、石垣、堀、後楽園《こうらくえん》

見どころ

宇喜多直家《うきたなおいえ》の居城であった石山の城をも取り込んだ大城郭の岡山城を築城したのが、息子の秀家《ひでいえ》。

秀家は高石垣《たかいしがき》を築き、不等辺五角形の天守台《てんしゅだい》に金箔瓦《きんぱくがわら》を葺《ふ》いた六階の天守《てんしゅ》を建てた。

その後、関《せき》ヶ原《はら》の戦いに敗れた秀家に代わって城主となった小早川秀秋《こばやかわひであき》や池田《いけだ》氏によっても拡張整備が続けられ、現在の姿になったのである。縄張《なわばり》は梯郭《ていかく》式で、本丸は一二三段《ひふみだん》構えになっている。

▶**廊下門**
中の段の表書院《おもてしょいん》と本段御殿を結ぶ渡廊下《わたりろうか》となっている。門扉も付いた櫓門《やぐらもん》である。

▼**宇喜多時代の石垣**
本丸内では宇喜多・小早川・池田の3期の石垣を観察できる。これは宇喜多期の石垣の展示施設。

▶**天守**
空襲で焼失した天守は、昭和41年に鉄筋コンクリート造で再建された。望楼《ぼうろう》型の天守に塩蔵《しおぐら》と呼ばれる櫓《やぐら》が付属している(複合式天守)。秀家が建てた天守は外壁の下見板張《したみいたばり》が黒漆塗《くろうるしぬり》だったことから烏城《うじょう》と称され、また、金箔瓦を用いていたので金烏城《きんうじょう》とも呼ばれた。

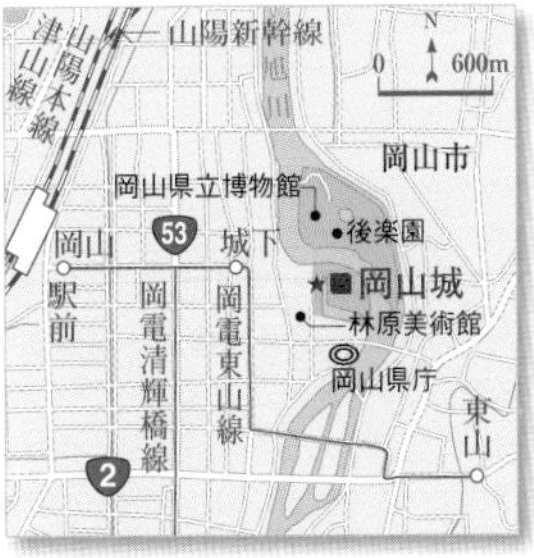

別名	烏城、金烏城
城地種類	平山城
築城年代	慶長2年(1597)
築城者	宇喜多秀家
主要城主	宇喜多氏、小早川氏、池田氏
文化財史跡区分	国指定史跡、重要文化財2件
近年の主な復元・整備	平成8年に天守閣修理、本丸中の段の史跡整備
天守の現況・形態	望楼型　五重六階　外装鉄筋コンクリート造(外観復元、再建時に地階新設)
主な関連施設	ー
スタンプ設置所	岡山城天守閣入口(12月29日~31日休館)

日本100名城
No.71

福山城《ふくやまじょう》

西国監視の最前線に築かれた城

広島県福山市

主な遺構
伏見櫓《ふしみやぐら》、筋鉄御門《すじがねごもん》、本丸、石垣

見どころ
福山に入封《にゅうほう》してきた徳川《とくがわ》氏の譜代大名水野勝成《ふだいだいみょうみずのかつなり》が新たに築いた城。幕府は勝成を送り込み、資材の現物供与と資金支援までして毛利《もうり》氏ら西国大名の監視・防衛強化を図ったのである。大坂《おおさか》の陣から五年が過ぎていた。
縄張《なわばり》は標高約二〇mの微高地に本丸を置き、二の丸、三の丸が囲む輪郭式《りんかくしき》の平山城《ひらやまじろ》。五重六階の天守《てんしゅ》壁面は東・南・西が塗籠《ぬりごめ》、北は鉄板張《てっぱんばり》だった。防御が薄い北からの攻撃を警戒したのだろう。

▶**筋鉄御門**
門扉や柱に筋鉄《すじがね》が鋲打《びょううち》されている櫓門。伏見櫓とともに伏見城から移築されたという。国の重要文化財。

▼**天守**
南西面から見た天守。五重六階の層塔《そうとう》型《がた》天守に二重三階の付櫓《つけやぐら》が付属(複合《ふくごう》式天守《しきてんしゅ》)。昭和41年(1966)に鉄筋コンクリート造で再建された。

▶**伏見櫓**
本丸南西の隅櫓《すみやぐら》。二階櫓《にかいやぐら》の上に望楼《ぼうろう》を載せた三重三階の、古式を伝える櫓である。幕府から下賜《かし》された伏見城松の丸東櫓《ひがしやぐら》を移築したと伝わる。国の重要文化財。

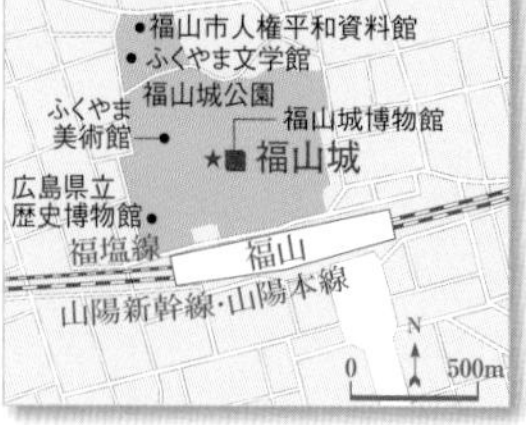

別名	久松城、葦陽城
城地種類	平山城
築城年代	元和8年(1622)
築城者	水野勝成
主要城主	水野氏、松平(奥平)氏、阿部氏
文化財史跡区分	国指定史跡、重要文化財2件
近年の主な復元・整備	ー
天守の現況・形態	層塔型　五重六階地下一階　鉄筋コンクリート造
主な関連施設	文化ゾーン(ふくやま美術館、ふくやま書道美術館、ふくやま文学館、福山市人権平和資料館、広島県立歴史博物館)
スタンプ設置所	福山城天守閣内

郡山城《こおりやまじょう》

戦国大名に上りつめた毛利氏の山城

広島県安芸高田市

主な遺構

多数の曲輪《くるわ》跡、堀切跡、土塁《どるい》跡、石垣《いしがき》跡、井戸跡

見どころ

郡山城は毛利《もうり》氏の居城であった。一四世紀から土着した毛利氏が、郡山南東の支尾根に築いたのが始まりという。城の整備拡大は、一六世紀中頃、元就《もとなり》が長男隆元《たかもと》に家督を譲り、毛利氏が国人領主《こくじんりょうしゅ》から戦国大名へと勢力を伸張する時期に行われた。

元就は山頂の本丸を中心に、放射状に大小三〇〇か所以上の曲輪を築いた。現在でも、城跡がそのまま保存されており、多くの曲輪跡を目にすることができる。

▶郡山城遠景
標高390mの郡山山頂を中心に、今も多数の曲輪跡が存在している。なお近年、手前の谷筋から薬研堀跡が発掘され、ここを起点にした内堀が山麓を巡っていたと推測されている。

▼三の丸南西下の石垣
安芸《あき》地方に多く見られる立石《たていし》をまぜて築かれた石垣。郡山城内の石垣は江戸時代に破壊されたが、築城当時のものが部分的に残っている。

▶本丸跡
本丸は２段になっており、碑が建っているところは上の段である。ここが城の最高所で、物見台であったともいわれている。

別名	—
城地種類	山城
築城年代	15世紀前半?、拡張：天文20年(1551)頃、改修：天正年間(1573〜92)
築城者	毛利氏
主要城主	毛利氏
文化財史跡区分	国指定史跡(史跡毛利氏城跡・郡山城跡)
近年の主な復元・整備	—
天守の現況・形態	—
主な関連施設	毛利元就墓所、清神社、多治比猿掛城跡
スタンプ設置所	安芸高田市歴史民俗博物館

広島城《ひろしまじょう》

聚楽第にならった毛利輝元の城

広島県広島市

主な遺構

本丸、二の丸、石垣、堀

見どころ

豊臣秀吉《とよとみひでよし》の支配を受けることになった毛利輝元《もうりてるもと》が、郡山《こおりやま》から広島に本拠を移して築いた城である。太田川《おおたがわ》河口の三角州は地盤が弱い。完成まで一〇年を要した。

縄張《なわばり》は内堀に囲まれた巨大な本丸と馬出《うまだし》を兼ねた小さな二の丸が特徴的。聚楽第《じゅらくだい》を模したと考えられている。

天守《てんしゅ》は望楼型《ぼうろうがた》の五重五階の大天守《だいてんしゅ》に二基の小天守《こてんしゅ》を連ねた連結《れんけつ》式天守。関《せき》ヶ原《はら》合戦後、毛利氏は長門《ながと》萩に移り、福島《ふくしま》氏、ついで浅野《あさの》氏が入城した。

▶二の丸表門
毛利氏の創建時の姿で復元された櫓門《やぐらもん》(左)と平櫓《ひらやぐら》(右)。

▼再建された二の丸の櫓群
右から太鼓櫓《たいこやぐら》、多聞櫓《たもんやぐら》、左後方が平櫓。

▶天守
原爆によって倒壊したが、昭和33年(1958)に鉄筋コンクリート造で再建された。本来は2基の三重小天守が渡櫓で結ばれていた。内部は博物館になっている。

別名	鯉城[りじょう]
城地種類	平城
築城年代	天正17年(1589)
築城者	毛利輝元
主要城主	毛利氏、福島氏、浅野氏
文化財史跡区分	国指定史跡
近年の主な復元・整備	平成元～6年に表御門・御門橋・平櫓・多聞櫓・太鼓櫓を復元
天守の現況・形態	望楼型　五重五階　鉄筋コンクリート造(外観復元)
主な関連施設	縮景園
スタンプ設置所	天守閣入口(3月～11月:9時～17時30分、12月～2月:9時～16時30分)

＊縮景園は広島城主浅野家初代の長晟が、城の北東に築いた別邸の庭園。大規模な池泉回遊式の庭園である。

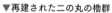

岩国城《いわくにじょう》

毛利を守る吉川氏の山城

山口県岩国市

主な遺構

旧天守台《てんしゅだい》、石垣、堀、大釣井《おおつるい》

見どころ

関《せき》ヶ原《はら》の戦い後、毛利輝元《もうりてるもと》の家臣であった吉川広家《きっかわひろいえ》は新領地岩国に移り、築城を開始した。岩国城は横山《よこやま》山頂の山《やま》城《じろ》(横山城)と山麓の居館《きょかん》(御《お》土《ど》居《い》)で構成されていた。山城本丸に築かれた四重六階の天守は南蛮造《なんばんづくり》と呼ばれる特異な形式だった。しかし完成から七年後、一国一城令《いっこくいちじょうれい》により山城は天守以下すべての建物と石垣は破却された。その痕跡は今でも実見できる。城中には空堀《からぼり》・大釣井などが残り、御土居は吉香《きっこう》公園になっている。

▶大釣井

本丸の西下、水《みず》の手《て》曲《ぐる》輪《わ》にある。築城と同時に掘られた大井戸。非常時に武器弾薬を収納する、あるいは非常脱出口を兼ねていた、という説がある。

▼天守台

破壊された天守台の下部4分の1の古式《こしき》穴太積《あのうづみ》を発掘し、それをもとに吉川氏独自の石積《いしづみ》技術を加味して復元されている。なお、山城は屈折を多用した総石垣であり、南東方向の防御を重視していた。

▶南蛮造の天守

4階と6階が下の階よりも張り出しているのが特徴。本来の場所から50mずらした位置に古図を参考にして再建された。

別名	横山城
城地種類	山城(麓に居館)
築城年代	慶長13年(1608)
築城者	吉川広家
主要城主	吉川氏
文化財史跡区分	ー
近年の主な復元・整備	平成8年に旧天守台を発掘調査し、復元整備
天守の現況・形態	望楼型　四重六階　鉄筋コンクリート造(再建)
主な関連施設	錦帯橋、岩国徴古館、柏原美術館、吉川史料館
スタンプ設置所	岩国城受付窓口

＊岩国徴古館は、藩主吉川家に伝来した歴史資料や美術品などを収蔵、展示している。

日本100名城

No.75

萩城《はぎじょう》

毛利輝元が最後に見せた気骨の城

山口県萩市

主な遺構

要害《ようがい》、本丸、二の丸、石垣、堀、侍屋敷門・長屋(三の丸)

見どころ

萩城は、関《せき》ヶ原《はら》の戦いで戦わずに敗れた毛利輝元《もうりてるもと》が、慶長九年(一六〇四)に築城を開始した城である。輝元は日本海に突出した指月山《しづきやま》に要害、その麓に本丸、二の丸、三の丸を築き、五重五階の望楼型《ぼうろうがた》天守《てんしゅ》を建てた。また右上の写真のように、弱点である城の東側の防御を強化するため、二の丸には長い土塀を連ねた。明治維新で城を解体したため建物はないが、三の丸や城下には武家屋敷も多く残っているので、城も城下町も楽しめる。

▶紙矢倉跡、土塀、潮入門跡

二の丸東門から海岸線に沿って北の埋《うずみ》門《もん》まで城壁がつながり、5基の矢倉《やぐら》が建っていた。潮入門《しおいりもん》跡(右端)はその中間にあたる。一部復元された土塀の左端が紙矢倉《かみやぐら》跡。後方指月山の山頂に要害が築かれていた。

▼北の総門と外堀

北の総門《そうもん》(高麗門《こうらいもん》)は城下町から三の丸に入る3つの総門のひとつ。総門脇の土塁《どるい》や土塀《どべい》付き土橋《どばし》、船着場などが、平成16年から平成23年(2004 ~ 12)にかけて整備復元された。

▶内堀と天守台

天守台は本丸南西隅、内堀《うちぼり》に突き出して築かれていた。扇の勾配をもつ高石垣《たかいしがき》が美しい。この天守台には五重の望楼型天守が建っていた。

別名	指月城
城地種類	平山城
築城年代	慶長9年(1604)
築城者	毛利輝元
主要城主	毛利氏
文化財史跡区分	国指定史跡、国選定重要伝統的建造物群保存地区
近年の主な復元・整備	平成14年より本丸虎口、時打矢倉跡、二の丸東門跡・三階矢倉跡を修理
天守の現況・形態	天守台のみ残る
主な関連施設	旧萩藩御船倉、旧萩藩校明倫館、萩藩主毛利家墓所、萩城城下町、旧厚狭毛利家萩屋敷長屋、旧福原家書院、萩博物館
スタンプ設置所	本丸入口料金所

徳島城《とくしまじょう》

デルタに築かれた蜂須賀氏の平山城

徳島県徳島市

主な遺構

本丸、東二の丸(天守《てんしゅ》跡)、西二の丸、石垣、堀、表御殿《おもてごてん》庭園

見どころ

蜂須賀家政《はちすかいえまさ》が吉野川《よしのがわ》河口の滑山《いのやま》に築いた平山城《ひらやまじろ》が徳島城である。山頂に本丸を置き、西二の丸、西三の丸と東二の丸を周囲に配して詰《つめ》の城とし、麓には御殿を置いた。本丸にあった初代天守は元和《げんな》期に取り壊され、その後、天守は東二の丸に建てられた。石垣は阿《あ》波《わ》の青石を用い、とくに本丸周囲は高石垣《たかいしがき》を築き堅固《けんご》にしていた。西の丸の石垣は屈折を繰り返し、横矢《よこや》がかりの工夫が目立つ。御殿跡は旧表御殿庭園として整備されている。

▶西三の丸門跡

急な階段を上がると枡形虎口《ますがたこぐち》である。山城部分は総石垣に加えて、曲輪の虎口は枡形とし、きびしく防御を固めている。

▼下乗橋と大手門跡

石橋の下乗橋《げじょうばし》を渡った先の大手門も枡形虎口である。周囲の石垣の、石の加工具合と積み方の違いが目を引く。

▶復元された鷲《わし》の門《もん》

大手門《おおてもん》(黒門)外側の三木曲輪《みきぐるわ》に構えられていた門で、明治8年(1875)の解体後も唯一残されていたが、昭和20年(1945)の戦災で焼失、その後平成元年(1989)に再建された。

別名	―
城地種類	平山城
築城年代	天正14年(1586)
築城者	蜂須賀家政
主要城主	蜂須賀氏
文化財史跡区分	国指定史跡、国指定名勝
近年の主な復元・整備	平成元年に「鷲の門」を復元
天守の現況・形態	―
主な関連施設	徳島市立徳島城博物館、国指定史跡「徳島藩主蜂須賀家墓所」
スタンプ設置所	徳島市立徳島城博物館受付カウンター(注 下記参照)

＊徳島市立徳島城博物館には、御殿復元模型が常設展示されている。
(注)徳島市教育委員会社会教育課カウンター、徳島中央公園東側駐車場入口事務所にも設置。

日本100名城

No.77

高松城《たかまつじょう》

瀬戸内を睨《にら》む屈指の海城

香川県高松市

主な遺構

月見櫓《つきみやぐら》、水手御門《みずてごもん》、渡櫓《わたりやぐら》、艮櫓《うしとらやぐら》、旭門《あさひもん》、埋門《うずみもん》、本丸、二の丸、三の丸、天守台《てんしゅだい》、石垣、堀、披雲閣《ひうんかく》

見どころ

豊臣秀吉《とよとみひでよし》の家臣生駒親正《いこまちかまさ》が海城《うみじろ》の基礎を固め、のちに松《まつ》平《だいら》頼重《よりしげ》・頼常《よりつね》が大改修を行い、近世城郭としての海城を完成させた。城の北側は海に接し、陸側は東西二か所から海水を引き込んだ三重の堀が曲輪《くるわ》を囲む。小さな本丸は内堀に浮かぶ小島のようで、鞘《さや》橋《ばし》ひとつで二の丸とつながっていた。舟入《ふないり》は二か所備え、北の丸には水手御門があった。

▶旭門と旭橋

17世紀後半から大手門《おおてもん》として使われた高麗門《こうらいもん》。内部は枡形《ますがた》になっており、入って左に進むと太鼓櫓《たいこやぐら》があった。旭橋《あさひばし》は「筋違橋《すじかいばし》」になっている。木橋が石橋になったのは明治末年からである。

▼月見櫓と水手御門

左から月見櫓、付櫓《つけやぐら》(続櫓《つづきやぐら》)、水手御門、渡櫓。月見櫓は出入りする舟の監視や藩主の帰着を待つ、ということから着《つき》見櫓《みやぐら》とも呼ばれた。水手御門は海の大手門で、藩主はここから小舟に乗り、沖の御座船《ござぶね》に乗り移った。

▶艮櫓

旧東の丸艮櫓は昭和42年(1967)に桜の馬場太鼓櫓跡に移築された。小穴は鉄砲狭間《てっぽうさま》で、三隅に石落《いしおとし》がある。

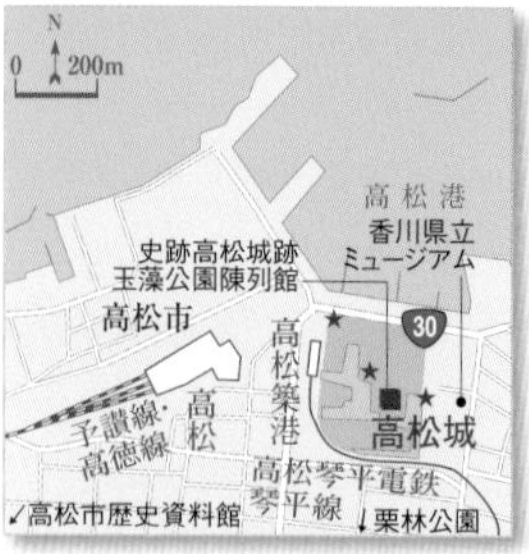

別名	玉藻城
城地種類	平城(海城)
築城年代	天正16年(1588)
築城者	生駒親正
主要城主	生駒氏、松平(水戸)氏
文化財史跡区分	国指定史跡、重要文化財7棟、名勝1件
近年の主な復元・整備	平成11年度から地久櫓台石垣修理を実施、平成17年度から天守台を整備、平成26年度桜御門石垣を修理
天守の現況・形態	天守台のみ残る
主な関連施設	史跡高松城跡玉藻公園陳列館、香川県立ミュージアム、高松市歴史資料館、栗林公園
スタンプ設置所	高松城東、西入口、玉藻公園管理事務所

＊史跡高松城跡玉藻公園陳列館には高松城の復元模型が展示されている。

丸亀城《まるがめじょう》

四段の高石垣で防御する城

香川県丸亀市

主な遺構

天守《てんしゅ》、大手《おおて》一の門・二の門、玄関先御門、本丸、二の丸、三の丸、山下曲輪《やましたくるわ》、石垣、堀

見どころ

丸亀城は高石垣《たかいしがき》と小さな天守で有名である。この城は生《い》駒《こま》氏、山﨑《やまざき》氏、京極《きょうごく》氏の三氏によって築き続けられ、現在の姿になった。平地から本丸まで四段の高石垣は、全体の高さを合わせると約六〇m。誰もが圧倒される高さであろう。現存天守は高石垣上にそびえる見ごたえある天守であるが、三重三階で高さは約一五m。江戸時代から残っている天守では延べ床面積が一番小さい。

▶大手一の門

高麗門《こうらいもん》形式の二の門を通り抜けた右側に、太鼓門《たいこもん》とも呼ばれる一の門(櫓門《やぐらもん》)があり、南北10間、東西11間(約18×20m)という巨大な枡形《ますがた》を形成している。

▼玄関先御門

藩主御殿の門で、城門としては珍しい薬医門《やくいもん》である。門右の一段低い建物は番所《ばんしょ》。その右は番所長屋である。

▶本丸を望む

天守は幾重にも積み上げげた高石垣上にそびえる。三重三階の層塔型《そうとうがた》の天守で、初重目の北・東・南面が下見板張《したみいたばり》になっている。小さいながらも堂々としていて趣がある。

別名	亀山城、蓬莱城
城地種類	平山城
築城年代	慶長2年(1597)、寛永20年(1643)
築城者	生駒親正、山﨑家治、京極高和
主要城主	生駒氏、山﨑氏、京極氏
文化財史跡区分	国指定史跡、重要文化財2件、県指定有形文化財1件
近年の主な復元・整備	―
天守の現況・形態	層塔型　三重三階　木造(現存)
主な関連施設	丸亀市立資料館
スタンプ設置所	丸亀城天守・丸亀市立資料館

＊丸亀市立資料館では、『丸亀城下絵図』などの丸亀城に関する資料などを収蔵、展示している。

今治城《いまばりじょう》

築城名人高虎が築いた日本屈指の海城

愛媛県今治市

主な遺構

本丸、二の丸、堀、石垣

見どころ

関ヶ原《せきがはら》の戦いの後に藤堂高虎《とうどうたかとら》が海城《うみじろ》として築いた今治城は、水堀を曲輪《くるわ》の周囲に巡らせ、舟入《ふないり》には軍船が出入りできた。中心部の本丸、二の丸と海側には高石垣《たかいしがき》を築いたが、陸側は土塁《どるい》で防御するだけだった。今治城は来島《くるしま》海峡の監視基地だったのだ。本丸に建てられた五重の天守《てんしゅ》は、破風《はふ》をもたない日本初の層塔《そうとう》型《がた》だったと考えられている。この天守は高虎が転封《てんぽう》の際に解体され、その後、徳川家康《とくがわいえやす》に献上されて丹波亀山城《たんばかめやまじょう》の天守となったともいわれている。

▶舟入方向を見る
満潮時になると堀の北側にある水門からは海水が流れ込む。舟入は、現在は今治港になっている。

▼復元された鉄御門《くろがねごもん》
扉や柱に鉄板を張った二の丸の表門。素材から技法まで綿密な考証のもと、平成19年(2007)に再建された。

▶山里櫓と天守
現在、城跡には昭和55年(1980)に再建された五重六階の模擬天守が建つ。左側が平成2年(1990)に建てられた山里櫓《やまざとやぐら》と山里門《やまざともん》。

別名	吹揚城、美須賀城
城地種類	平城(海城)
築城年代	慶長7年(1602)
築城者	藤堂高虎
主要城主	藤堂氏、松平(久松)氏
文化財史跡区分	県指定史跡
近年の主な復元・整備	平成2年に山里櫓を再建。平成19年に二の丸の鉄御門を復元
天守の現況・形態	望楼型　五重六階　鉄筋コンクリート造
主な関連施設	御金櫓、山里櫓、鉄御門・武具櫓
スタンプ設置所	今治城管理事務所(天守1階)(12月29日～31日休館)

湯《ゆ》築《づき》城《じょう》

戦国期にはまれな二重の堀に囲まれた拠点城郭

愛媛県松山市

主な遺構

ほぼ完全な縄張、土塁《どるい》、堀

見どころ

南北朝期より「湯築城」として存在していた丘陵を中心に、一六世紀前半、伊予国の守護であった河野氏が、戦国期拠点城郭へと転換させた。城は丘陵部とその下の平地部からなり、丘陵部を二重の堀と土塁が囲む。その外堀と内堀の間の平地部は庭園を伴った上級武士の居住区と、その他の武士の居住地とに分けられていたようである。

現在、武家屋敷や土塀《どべい》、道路、排水溝などの立体復元や、外堀土塁の内部構造が見える展示室が、公開されている。

▶武家屋敷内部

復元された武家屋敷内部では、当時流行していた連歌《れんが》の場面を、人形を用いて再現している。

▼武家屋敷

発掘の成果をもとに2棟の武家屋敷が古来の工法で復元され公開されている。

▶上空から望む湯築城

全体の面積は約8.5haで、外堀と幅約20m・高さ約5mの外堀土塁と内堀が丘陵部を囲む。

（写真提供＝愛媛県都市整備課）

別名	湯月城
城地種類	平山城
築城年代	南北朝期（14世紀中頃）、天文4年（1535）
築城者	河野通盛？、河野弾正少弼通直
主要城主	河野氏
文化財史跡区分	国指定史跡
近年の主な復元・整備	平成14年（2002）に湯築城資料館、復元武家屋敷1・2、土塁展示室をオープン
天守の現況・形態	ー
主な関連施設	湯築城資料館
スタンプ設置所	湯築城資料館（入館無料）

松山城《まつやまじょう》

戦う覚悟を強調する不屈の城

愛媛県松山市

主な遺構
天守《てんしゅ》群、櫓《やぐら》・門多数、本丸、二之丸、石垣、堀

見どころ
松山城は、加藤嘉明《かとうよしあき》が築城を開始したことに始まり、蒲《がも》生《う》氏を経た松平《まつだいら》氏の時代になってから完成した。

見どころはまず天守群である。勝山《かつやま》山上を削平して天守曲輪《ぐるわ》(本壇《ほんだん》)を置き、天守、小《こ》天守《てんしゅ》、隅櫓《すみやぐら》、門をつなげて防御を厳重にしている。高石垣《たかいしがき》はいくども屈折させ、登坂路も外枡形《そとますがた》の機能を持たせるように折り返しを多くしている。二之丸と本丸が分断されることを防ぐ登り石垣も見過ごせない。

▶戸無門《となしもん》
大手筋《おおてすじ》から本丸に通じる最初の門(高麗門《こうらいもん》)。二之丸からここにたどり着くまでには何度も屈折した道を登らなければならない。

▲太鼓櫓
美しい曲線を描く高さ15.5mの高石垣の上に立つ太鼓櫓《たいこやぐら》は、戸無門《となしもん》の背後にあって敵の侵入を迎撃する役目もになっていた。

▼天守群
天守は三重三階地下一階の層塔《そうとう》型《がた》天守で、小天守、隅櫓《すみやぐら》などと連立式《れんりつしき》天守を構成している。現在の天守は安政《あんせい》元年(1854)に再建落成された。

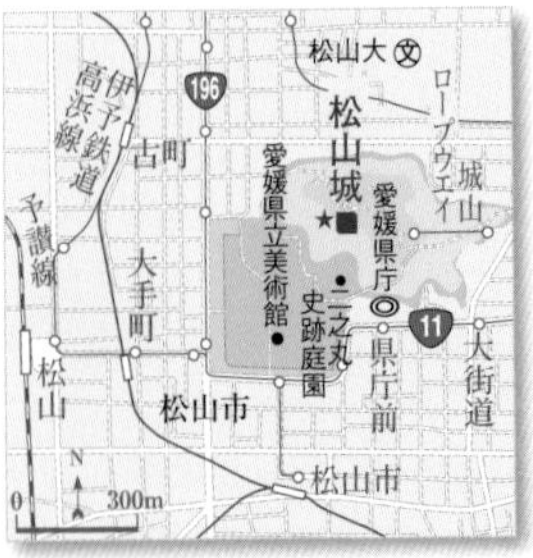

別名	金亀城、勝山城
城地種類	平山城
築城年代	慶長7年(1602)
築城者	加藤嘉明、蒲生忠知
主要城主	加藤氏、蒲生氏、松平(久松)氏
文化財史跡区分	国指定史跡、重要文化財21棟
近年の主な復元・整備	平成11～13年に一ノ門ほか7棟保存修理、平成16～18年に天守ほか6棟保存修理
天守の現況・形態	層塔型　三重三階地下一階　木造(現存)
主な関連施設	松山城二之丸史跡庭園、城山公園堀之内地区
スタンプ設置所	松山城天守切符売場(本丸広場)

＊松山城二之丸史跡庭園では、大井戸遺構などを見ることができる。

大洲城《おおずじょう》

肱川《ひじかわ》を堀にした優美な名城

愛媛県大洲市

主な遺構

台所櫓《だいどころやぐら》、高欄櫓《こうらんやぐら》、苧綿櫓《おわたやぐら》、三の丸南隅櫓《みなみすみやぐら》、下台所《しもだいどころ》、本丸、石垣

見どころ

大洲城の始まりは、一四世紀前半の宇都宮豊房《うつのみやとよふさ》の居城である地蔵ヶ嶽城《じぞうがたけじょう》といわれる。この城を近世城郭に整備したのは、文禄《ぶんろく》四年(一五九五)に入城した藤堂高虎《とうどうたかとら》といわれている。天守《てんしゅ》が築かれたのは慶《けい》長《ちょう》年間と考えられ、城主は脇《わき》坂安治《さかやすはる》の時代である。天守は明治二一年(一八八八)まで残っていたが、取り壊された。しかし、平成一六年(二〇〇四)、大洲市制五〇周年を迎え、木造で再建された。

▶**苧綿櫓と肱川**

肱川《ひじかわ》に面した二の丸東側に位置する二重櫓で、天保《てんぽう》14年(1843)に再建された。隅部には下見板張《したみいたばり》の石落《いしおとし》が設けられている。

▼**南隅櫓南面**

三の丸にある南隅櫓。江戸時代中期に再建されたもの。白漆喰壁《しろしっくいかべ》で、袴腰《はかまごし》式の石落を下見板張にしている。

▶**肱川越しに望む天守(右)と台所櫓(左)**

江戸時代の天守雛型《ひながた》や発掘調査、古写真などをもとに四重四階の層塔型天守が木造で復元され、江戸時代の遺構である台所櫓、高欄櫓とかつてのように連結された。

別名	ー
城地種類	平山城
築城年代	14世紀前半、慶長年間(1609前後)頃
築城者	藤堂高虎または脇坂安治
主要城主	宇都宮氏、戸田氏、藤堂氏、脇坂氏、加藤氏
文化財史跡区分	県指定史跡、重要文化財4件
近年の主な復元・整備	平成16年に天守を再建
天守の現況・形態	層塔型　四重四階　木造
主な関連施設	ー
スタンプ設置所	台所櫓入口(大洲城内入口)

日本100名城

No.83

宇和島城《うわじまじょう》

愛媛県宇和島市

宇和島伊達家が一新した華麗な天守をもつ城

主な遺構

天守《てんしゅ》、上《のぼ》り立《た》ち門、本丸、二の丸、藤兵衛丸《とうべえまる》、長門丸《ながとまる》、代《だい》右衛門丸《えもんまる》、井戸丸、石垣

見どころ

宇和島の中世山城板島丸串《やまじろいたじままるぐし》城《じょう》を、藤堂高虎《とうどうたかとら》が文禄《ぶんろく》四年（一五九六）から六年をかけて近世城郭化した平山城《ひらやまじろ》である。

高虎が完成させた天守は三重三階の望楼型《ぼうろうがた》であったが、寛文《かんぶん》六年（一六六六）頃に伊達《だて》宗利《むねとし》が建てた二代目天守は三重三階の層塔型《そうとうがた》である。狭間《さま》や石落《いしおとし》はなく、総塗籠《そうぬりごめ》式で、各階各面全てが千鳥破風《ちどりはふ》や唐《から》破風《はふ》などで飾られた装飾性の高いものであった。これが現存する天守である。

▶上り立ち門

搦手《からめて》口にある薬医門《やくいもん》。天守までは７つの門があったが、現在残るのはこの門ひとつだけである。

▼雷門北西下の石垣

雷門跡の石垣。城内では各所で時代や技法の異なる石垣が見られる。

▶天守

伊達宗利が再建した三重三階総塗籠式の層塔型の天守。唐破風の玄関をもち、一重目に比翼千鳥破風《ひよくちどりはふ》、二重目に千鳥破風、三重目に軒唐破風《のきからはふ》と、軍事的要素より装飾性に富んだ天守となっている。

別名	鶴島城
城地種類	平山城
築城年代	文禄4年（1596）
築城者	藤堂高虎 ※現存天守は伊達宗利が建築したもの
主要城主	藤堂氏、富田氏、伊達氏
文化財史跡区分	国指定史跡、重要文化財1件
近年の主な復元・整備	平成9年から石垣修復、平成7年に天守修理
天守の現況・形態	層塔型　三重三階　木造（現存）
主な関連施設	城山郷土館（城山内）、宇和島市立伊達博物館
スタンプ設置所	宇和島城天守

＊伊達博物館は、藩主伊達家に伝来の調度品や古文書などを中心とした展示を行っている。

高《こう》知《ち》城《じょう》

天守が残る山内一豊の城

高知県高知市

主な遺構

天守《てんしゅ》、本丸御殿、追手門《おうてもん》、黒鉄門《くろがねもん》、詰門《つめもん》、廊下門《ろうかもん》、多聞櫓《たもんやぐら》、本丸、二ノ丸、三ノ丸、石垣

見どころ

関《せき》ヶ原《はら》の戦い後、旧城があった大高坂山《おおたかさかやま》に、山内一豊《やまうちかつとよ》が新たに築いたのが近世城郭の高知城である。山頂に本丸、少し下がった北側に二ノ丸、東側の一段下に三ノ丸を配している。本丸と二ノ丸を分断する堀切《ほりきり》部分には詰門が置かれており、南側の廊下門と一体となった構造になっている。享保《きょうほう》一二年（一七二七）の大火で焼失した天守は、寛延《かんえん》二年（一七四九）、三層六階の望楼型天守として再建された。

▶詰門

別名橋廊下。本丸と二ノ丸の間の堀切を突破されるのを防ぐ櫓門《やぐらもん》で、渡櫓《わたりやぐら》を載せている。上の渡櫓は登城した家臣の詰所と本丸と二ノ丸を結ぶ通路になっている。

▼追手門

寛文4年(1664)に再建された石垣の上に渡櫓を載せた櫓門。大石の石垣とで枡形《ますがた》を構成している。

▶天守と本丸御殿

本丸には天守のほかに建造物が多く存在する。天守に接続している本丸御殿は懐徳館《かいとくかん》と呼ばれ、現存する貴重な御殿遺構である。

別名	鷹城
城地種類	平山城
築城年代	慶長6年(1601)
築城者	山内一豊
主要城主	山内氏
文化財史跡区分	国指定史跡、重要文化財15件
近年の主な復元・整備	ー
天守の現況・形態	望楼型　四重六階(外観・四重五階、内部・三層六階) 木造(現存)
主な関連施設	土佐山内家宝物資料館
スタンプ設置所	本丸御殿入口

＊土佐山内家宝物資料館は、山内家に伝わる土佐藩関係の歴史資料を数多く収蔵、展示している。

福岡城《ふくおかじょう》

大大名《だいだいみょう》黒田氏の革新的巨郭

福岡県福岡市

主な遺構
南丸《みなみまる》多聞櫓《たもんやぐら》、(伝)潮見櫓《しおみやぐら》、下《しも》之橋御門《のはしごもん》、本丸、二の丸、南二の丸、天守台《てんしゅだい》、石垣

見どころ
関《せき》ヶ原《はら》の戦いの戦功により筑前《ちくぜん》に入国した黒田官兵衛《くろだかんべえ》(孝高《よしたか》)・長政《ながまさ》親子が築いた城である。

丘陵の先端に本丸を築き、北・西・南の守りを東の二の丸、二の丸、南の二の丸が固めていた。その外側に三の丸があり、これらを囲む水堀は幅50mを超えていた。本丸と二の丸は高石垣《たかいしがき》の総石垣造《そういしがきづくり》、三の丸は土塁造《どるいづくり》で、天守が築かれたかどうかは不明。南丸多聞櫓などが現存する。

▶**本丸表御門跡**
本丸の正門跡。ここには櫓門があったが移築され、現在は崇福寺《そうふくじ》の山門《さんもん》となっている。

▼**東から見た(伝)潮見櫓**
下之橋御門そばにある二重櫓。潮見櫓は本来三の丸の西北隅にあった。なお近年、潮見櫓は市内の崇福寺に移されていたことが明らかになり、この櫓の本来の名称は不明。

▶**南丸多聞櫓と高石垣**
嘉永《かえい》6年(1853)に再建されたもの。珍しい切妻《きりづま》屋根をもつ現存櫓で、国の重要文化財に指定されている。

別名	舞鶴城
城地種類	平山城
築城年代	慶長6年(1601)
築城者	黒田長政
主要城主	黒田氏
文化財史跡区分	国指定史跡、重要文化財1件
近年の主な復元・整備	平成18年に上之橋御門石垣積替え工事、平成18〜20年度に下之橋御門復元工事
天守の現況・形態	天守台のみ残る
主な関連施設	福岡市博物館
スタンプ設置所	福岡城むかし探訪館、三の丸スクエア、鴻臚館跡展示館

＊福岡市博物館では、福岡藩主の肖像画や福岡城『御城内略図』など、福岡城関係の資料が展示されている。

大野城《おおのじょう》

防人《さきもり》たちが守る国内最大の朝鮮式山城

福岡県糟屋郡宇美町、太宰府市、大野城市

主な遺構

土塁、石塁《せきるい》、城門跡、礎石群

見どころ

白村江《はくそんこう》の戦いで大敗したヤマト政権が、新羅《しらぎ》・唐《とう》連合軍の襲来に備え、太宰府《だざいふ》地域を防衛するため、標高四一〇mの四王寺山《しおうじやま》(大野山)一帯に築いた山城《やまじろ》が大野城である。城は亡命百済《くだら》人の指導による朝鮮半島の築城技法によって造られた。尾根には土を固く突き固めた版築《はんちく》状の土塁を築き、谷の部分には数mの高さの石塁を巡らせている。城壁の総延長は約八kmにおよぶ。城内に残る多くの礎石建物からも、そのスケールの大きさを実感することができる。

▶**礎石建物(増長天礎石群)**
尾根に沿って築かれた広大な土塁の内側に、礎石建物が4棟見つかっている。

▼**尾花地区土塁**
土塁の外側は急崖になっている。万が一の場合には、城内に大宰府の機能を移すことも考えて設計されていたという。

▶**百間石垣**
基底幅約９ｍ、高さ８ｍの石塁と推定され、百間《ひゃっけん》(180m)ほどの長さがあるとされたことから「百間石垣」と呼ばれている。城内最大の石塁である。

別名	ー
城地種類	山城(朝鮮式)
築城年代	天智天皇4年(665)
築城者	ヤマト政権
主要城主	ー
文化財史跡区分	国指定特別史跡
近年の主な復元・整備	平成7年から百間石垣、猫坂地区、屯水地区、大石垣、尾花地区土塁、原地区土塁、太宰府口城門などを復元整備
主な関連施設	宇美町立歴史民俗資料館、太宰府市文化ふれあい館・大宰府展示館、大野城心のふるさと館
スタンプ設置所	福岡県立四王寺県民の森管理事務所、太宰府市文化ふれあい館、大宰府展示館、大野城心のふるさと館、大野城市役所、大野城市総合体育館、宇美町立歴史民俗資料館

日本100名城

No.87

名護屋城《なごやじょう》

大陸出兵基地に築かれた巨大な城と諸大名の陣

佐賀県唐津市

主な遺構

本丸、二ノ丸、三ノ丸、弾正丸《だんじょうまる》、山里丸《やまざとまる》、陣跡、石垣、水堀

見どころ

豊臣秀吉《とよとみひでよし》が大陸侵攻の足がかりにするため、九州大名に命じて、ほぼ半年で完成させたという。陣城《じんじろ》でありながら、本丸、二ノ丸、三ノ丸を中心に、多くの高石垣《たかいしがき》で構築された曲輪《くるわ》が配され、城域は約一七万㎡にもおよぶ壮大なものだった。

全国の諸大名も陣《じん》を築き、たいへんな賑《にぎ》わいをみせたが、秀吉の死によって文禄《ぶんろく》・慶長《けいちょう》の役《えき》が終わると廃城となり、用材は唐津城《からつじょう》などの普請《ふしん》に転用された。

▶山里口《やまざとぐち》

発掘調査により石段が5か所、櫓門跡が1か所検出された。整備工事で石垣の積み直しが行われている。二重の喰《くい》違虎口《ちがいこぐち》がはっきりわかるようになった。(写真提供＝佐賀県立名護屋城博物館)

▼天守台

天守台《てんしゅだい》は発掘調査が終わったあと、盛土《もりつち》をした上に当時の礎石と模擬石を使い、穴蔵《あなぐら》を復元展示している。かつてはここに金箔瓦《きんぱくがわら》を葺《ふ》いた五重七階(地上6階、地下1階)の天守が建っていた。

▶名護屋城中心部を望む

高石垣で築かれた曲輪が今も残る。また諸大名の陣跡も江戸時代の破却からまぬがれた石垣が数多く残っている。

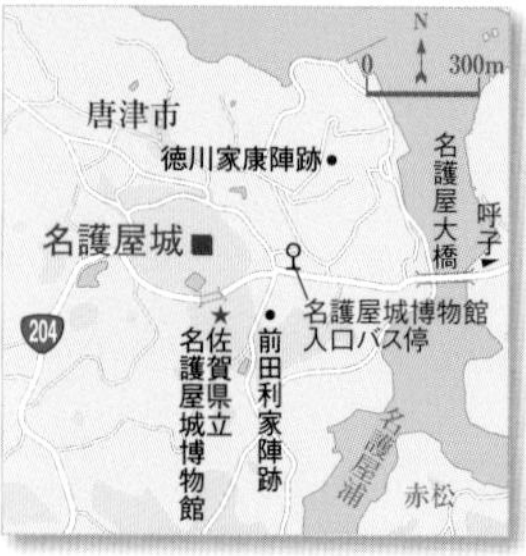

別名	―
城地種類	平山城
築城年代	天正20年(1592)
築城者	豊臣秀吉
主要城主	豊臣氏
文化財史跡区分	国指定特別史跡(大正15年史跡、昭和30年特別史跡指定)
近年の主な復元・整備	昭和63年から名護屋城跡は石垣(山里口等)、本丸多聞櫓跡、二ノ丸長屋建物跡、陣跡は堀秀治陣跡(能舞台跡)などを復元整備
天守の現況・形態	徹底的に破壊を受けた天守台石垣のみ残る
主な関連施設	佐賀県立名護屋城博物館
スタンプ設置所	佐賀県立名護屋城博物館

＊佐賀県立名護屋城博物館では、肥前名護屋城復元模型などを展示、名護屋城や諸大名の陣屋・城下町の往時の姿を紹介している。バーチャル名護屋城のタブレットを無料貸出中。

日本100名城

No.88

吉野ヶ里《よしのがり》

日本の城の起源とされる環壕集落

佐賀県神崎郡
吉野ヶ里町

主な遺構

城柵《じょうさく》、掘立柱《ほったてばしら》建物群

見どころ

吉野ヶ里遺跡は弥生時代《やよいじだい》前期から後期にかけて存在した環壕集落《かんごうしゅうらく》である。弥生時代中期後半、紀元前一世紀頃に富をめぐる戦《いくさ》が起こり、外敵に備えて集落の周囲に二重三重に壕や柵を巡らせた「城」の祖型である環壕集落が誕生し、後期になると国内最大規模の環壕集落へと発展したと考えられている。また、弥生時代後期の環壕からは、物見《ものみ》櫓《やぐら》を思わせる掘立柱建物跡も発見されている。

現在、大規模に整備されて、物見櫓や主祭殿・竪穴《たてあな》住居などの建物が復元されている。

▶**北内郭の主祭殿**

指導者たちが重要事項を話し合ったり、最高司祭者(霊能者)が祖霊に対して宗教的な儀式をとりおこなったりした建物。吉野ヶ里の政《まつりごと》を司《つかさど》る最重要施設である。

▼**南内郭空撮**

南内郭《みなみないかく》は王や支配者層の人々が暮らしていたと考えられる。城柵と逆台形の壕が周囲を囲み、物見櫓を建て、兵士が不審な外来者を監視して、王や支配者を警護していた。

(空撮写真提供＝佐賀県教育庁)

▲**北内郭空撮**

北内郭《きたないかく》は吉野ヶ里を中心とする「クニ」にとっても、もっとも重要な場所と考えられている。さまざまな取り決めはここで話し合われ、また聖なる儀式もここで行われた。

別名	－
城地種類	平城(環壕集落)
築城年代	弥生時代
築城者	－
主要城主	－
文化財史跡区分	国指定特別史跡
近年の主な復元・整備	－
天守の現況・形態	－
主な関連施設	－
スタンプ設置所	吉野ヶ里歴史公園東口・西口・北口(1月第3月曜日とその翌日、12月31日は休み)

佐《さ》賀《が》城《じょう》

「葉隠《はがくれ》」を生んだ鍋島氏の城

佐賀県佐賀市

主な遺構

鯱《しゃち》の門、本丸、天守台《てんしゅだい》、堀、石垣

見どころ

戦国大名龍造寺《りゅうぞうじ》氏の居城村《むら》中城《なかじょう》を、重臣鍋島直茂《なべしまなおしげ》・勝茂《かつしげ》親子が拡張整備して、佐賀城とした。四囲を堀で囲んだ典型的な平城《ひらじろ》で、本丸、二の丸、三の丸、西の丸のほか、天守も建てられた。しかし、その後の火災で、天守はじめ本丸御殿も焼失した。平成一六年に一部が復元された本丸御殿は、十代藩主鍋島直正《なおまさ》が再建した天保《てんぽう》期の御殿の遺構を保護しながら復元しており、佐賀城本丸歴史館として公開されている。

▶天守台南東面

高さ約9m、南北約31m、東西約27mの巨大な天守台である。この上に四重五階の天守が建てられていた。

▼本丸から見た鯱の門

天保9年(1838)に建立された。入母屋《いりもや》造《づくり》、二重二階の櫓門《やぐらもん》で続櫓《つづきやぐら》が付き、屋根に約200kgの青銅の鯱《しゃち》が載っている。また、門扉には佐賀の乱で放たれた弾痕が残る。

▶本丸御殿御玄関

平成16年(2004)に復元された本丸御殿御の玄関。本丸御殿を構成する御式《おんしき》台《だい》、御料理間《おりょうりのま》、外御書院《そとごしょいん》などが復元された。

別名	栄城、沈み城、亀甲城
城地種類	平城
築城年代	慶長13年(1608)、享保12年(1727)、天保6年(1835)
築城者	鍋島直茂・勝茂、鍋島吉茂、鍋島直正
主要城主	鍋島氏
文化財史跡区分	佐賀県指定史跡、重要文化財1件、市指定重要文化財1件
近年の主な復元・整備	平成16年に佐賀城本丸御殿復元
天守の現況・形態	天守台のみ残る
主な関連施設	佐賀城本丸歴史館
スタンプ設置所	佐賀城本丸歴史館受付

＊佐賀城本丸歴史館は、本丸御殿の一部を復元して建てられており、『佐賀城御本丸差図』(複製)や佐賀城の復元模型などが展示されている。

平《ひら》戸《ど》城《じょう》

平戸瀬戸を望む水軍松浦党の城

長崎県平戸市

主な遺構

狸櫓《たぬきやぐら》、北虎口門《きたこぐちもん》、本丸、二の丸、三の丸、石垣

見どころ

元禄《げんろく》一六年(一七〇三)、四代藩主松浦鎮信《まつらしげのぶ》が幕府に願い出て築城許可を得ると、翌年、後嗣《こうし》の棟《たかし》が平戸城の普請《ふしん》を開始した。縄張《なわばり》は軍学者の山鹿《やまが》素行《そこう》の助言を得て、山上部には小さな本丸と大きな二の丸、海岸に面した山麓部分には船着場の小舟入《こふないり》、御船入《おふないり》などが設けられた。水軍松浦氏向きの巧みな縄張である。廃藩置県によって廃城となったが、現存する北虎口門から延びる土塀の石狭間《いしさま》(石垣に開けられた通路)と狸櫓は今も残る。

▶**懐柔櫓宿泊施設**
五つある櫓の一つで、海に面し、絶景を一望できる懐柔櫓を宿泊施設として令和3年(2021)春に開業。

▼**北虎口門**
本丸北下に位置し、改変されている部分が多いが、現存建物として貴重である。

▶**平戸城遠景**
平戸瀬戸に突き出した亀岡山に築かれている。右は模擬天守、左は見奏櫓《けんそうやぐら》。

別名	亀岡城、日の岳城
城地種類	平山城
築城年代	宝永元年(1704)
築城者	松浦棟
主要城主	松浦氏
文化財史跡区分	国指定文化財1件
近年の主な復元・整備	―
天守の現況・形態	層塔型　三重五階　鉄筋コンクリート造（本来は櫓だったが天守として築造）
主な関連施設	松浦史料博物館、平戸オランダ商館、平戸市切支丹資料館
スタンプ設置所	平戸城天守閣

日本100名城

No.91

島原城《しまばらじょう》

島原の乱の引き金になった巨城

長崎県島原市

主な遺構

本丸、二ノ丸、石垣、堀など

見どころ

島原城は、松倉重政《まつくらしげまさ》が築城した巨郭である。縄張《なわばり》は本丸、二ノ丸、三ノ丸が並ぶ連郭式《れんかくしき》の平城《ひらじろ》で、折《おれ》を多用した高石《たかいし》垣《がき》で堅固に築かれていた。城内には五重五階の天守《てんしゅ》を中心に三棟の三重櫓《さんじゅうやぐら》が建ち、平櫓《ひらやぐら》は城郭全体で三三基あった。本丸の広さは名古屋城《なごやじょう》に匹敵し、石垣は延長約四kmにおよぶ巨城である。島原の乱の後、松倉氏に代わって、高力《こうりき》氏、松平《まつだいら》氏などが入城。昭和三五年の西三重櫓を皮切りに、天守、巽三重櫓《たつみさんじゅうやぐら》、丑寅《うしとら》三重櫓(いずれも模擬)が建設された。

▶本丸枡形虎口の石垣

二の丸土橋から12回折れ曲り天守へ至る動線を有していた。動線上の巨石には鉱石などが用いられている。

▼本丸北側の石垣

今は空堀《からぼり》となっているが、本丸と二の丸との間は水堀で、廊下橋《ろうかばし》一つで連絡されていた。

▶本丸西側の高石垣

見事な屏風折《びょうぶおれ》の高石垣。奥に見えるのが再建された五重五階の層塔型《そうとうがた》天守、手前は巽三重櫓。

別名	森岳城
城地種類	平城
築城年代	元和4年(1618)着手、寛永2年(1625)頃完成
築城者	松倉重政
主要城主	松倉氏、高力氏、松平(深溝)氏、戸田氏
文化財史跡区分	県指定文化財(史跡)
近年の主な復元・整備	―
天守の現況・形態	層塔型　五重五階　鉄筋コンクリート造
主な関連施設	鉄砲町(武家屋敷)、天守閣内のキリシタン史料館、本光寺盤歴史資料館、国史跡旧島原藩薬園跡
スタンプ設置所	島原城受付窓口

日本100名城

No.92

熊本城《くまもとじょう》

加藤清正が築いた鉄壁の城

熊本県熊本市

主な遺構

現在、57・8haが特別史跡。宇土櫓《うとやぐら》、北十八間櫓《きたじゅうはちけんやぐら》、東十八間櫓、不開門《あかずのもん》、長塀など重要文化財建物一三棟

見どころ

織豊《しょくほう》系城郭の到達点を極《きわ》めた加藤清正《かとうきよまさ》の城。本丸には大《だい》天守《てんしゅ》と小天守《しょうてんしゅ》を建て、各曲輪《くるわ》には宇土櫓など五基の五階櫓が並んでいた。明治一〇年(一八七七)、西南戦争《せいなんせんそう》で本丸の大部分が焼失したが宇土櫓や高石垣などは残った。昭和三五年(一九六〇)の大天守、小天守の再建に続き、西出丸《にしでまる》の櫓や櫓門、本丸御殿も復元。平成二八年熊本地震で被災し、現在復旧作業中。

▶闇《くらが》り通路

本丸に入る地下通路。本丸御殿の床下に造られている。平成20年に本丸御殿が復元された際にこの通路も復元された。

▼飯田丸五階櫓

備前堀《びぜんぼり》そば、飯田丸《いいだまる》の南西隅に建つ。城の南面防衛を受け持ち、曲輪の内部には井戸、台所、鉄砲蔵までも備えていた。高石垣にはわずかに反《そ》りをもたせている。

▶二の丸より見た宇土櫓と天守

直線的な破風《はふ》に飾られた三重五階の宇《う》土櫓《とやぐら》は、大小の天守に次ぎ「第3の天守」とも呼ばれている。手前中央が宇土櫓、後方左が小天守、右が大天守。

※写真は全て地震前

別名	銀杏城[ぎんなんじょう]
城地種類	平山城
築城年代	慶長12年(1607)
築城者	加藤清正
主要城主	加藤氏、細川氏
文化財史跡区分	特別史跡、重要文化財13棟
近年の主な復元・整備	平成14年度から南大手櫓門、戌亥櫓、西大手櫓門、元太鼓櫓、未申櫓、飯田丸五階櫓を復元、平成15年から本丸御殿大広間の復元を始め、平成20年に完成
天守の現況・形態	望楼型　三重六階地下一階　鉄骨・鉄筋コンクリート造(外観復元)
主な関連施設	旧細川刑部邸、熊本市立熊本博物館、熊本県立美術館
スタンプ設置所	二の丸・北口・南口の券売所、熊本城ミュージアムわくわく座

＊平成28年(2016) 4月の熊本地震で、熊本城は重要文化財13棟を含む建物・石垣が被災した。現在は特別公開を実施しており、被災状況や復旧工事の様子を間近から見学可能。最新情報は熊本城公式ホームページを要確認。

日本100名城

No.93

人吉城《ひとよしじょう》

熊本県人吉市

中世城郭の特色を色濃く残す相良氏歴代の居城

主な遺構

本丸、二の丸、三の丸、長《なが》塀《べい》、大型井戸を伴う地下遺構二基、石垣

見どころ

人吉城は、鎌倉《かまくら》時代から江《え》戸《ど》時代の終わりまでこの地を治めた相良《さがら》氏の居城である。

梯郭式平山城《ていかくしきひらやまじろ》であり、球磨《くま》川《がわ》と胸川《むねがわ》を外堀に見立てて石垣を築き、多くの船着場が設けられていた。幕末になると、一部石垣は上部に石材が突き出すはね出し(武者返《むしゃがえし》)をつけた石垣に変わった。

相良清兵衛《さがらせいべえ》屋敷跡で発見された巨大な地下遺構は、用途不明で謎の遺構として公開されている。

▶水の手門跡

球磨川に面して設けられた水の手門。現在は遺構として石垣のみが残る。

▼はね出し石垣

藩主の居館である御館《みたち》背後の石垣は高く頑丈に積まれている。最上部の石を突き出す「はね出し」は幕末期の築城技法のひとつ。

▶復元された建物群

左から角櫓《すみやぐら》、長塀、多門櫓《たもんやぐら》。いずれも平成5年(1993)に完成。手前を流れる川は球磨川支流の胸川。

別名	求麻城[くまじょう]、三日月城、繊月城[せんげつじょう]
城地種類	平山城
築城年代	建久10年(1199)、文明2年(1470)ころ、天正17年(1589)
築城者	相良長頼、相良為続、相良長毎
主要城主	相良氏
文化財史跡区分	国指定史跡
近年の主な復元・整備	平成5年に多門櫓・角櫓・長塀を復元、平成18年度に長塀を復元、平成19年度に堀合門を復元
天守の現況・形態	ー
主な関連施設	相良家墓地、相良家菩提寺「願成寺」、国宝青井阿蘇神社
スタンプ設置所	人吉城歴史館(現在、東側駐車場に設置)

＊人吉城歴史館は令和2年7月豪雨被害のため休館中(令和6年1月現在)。

大分府内城《おおいたふないじょう》

海を背に水に守られた堅城

大分県大分市

主な遺構

宗門櫓《しゅうもんやぐら》、人質櫓《ひとじちやぐら》、土塀《どべい》、天守《てんしゅ》台《だい》、堀、二之丸石垣

見どころ

福原直高《ふくはらなおたか》が別府湾の海際に築城し、竹中重利《たけなかしげとし》が完成させた城である。海側の本丸を二之丸(東之丸、西之丸)・山里《やまざと》丸《まる》、三之丸がL字形に囲む縄《なわ》張《ばり》である。ただし、山里丸、西之丸、東之丸が馬出《うまだし》あるいは外枡形《そとますがた》のように連なる配置になっており、それぞれの曲《くる》輪《わ》は廊下橋《ろうかばし》や土橋で連結されている。現存する建物は宗門櫓と人質櫓のみである。西之丸南西隅櫓《すみやぐら》、大手門《おおてもん》、着到櫓、廊下橋は、戦後再建されたものである。

▶山里丸から見た廊下橋《ろうかばし》

廊下橋は屋根つきの橋で、西之丸と山里丸を結ぶ。平成7年(1995)に復元された。

▼天守台

竹中重利が建てた四層の層塔型《そうとうがた》天守は寛保《かんぽう》3年(1743)の火災で焼け落ち、以後天守は建てられず、野面積《のづらづみ》の天守台石垣だけが残る。

▶人質櫓

現存するのはこの人質櫓と宗門櫓だけである。

(写真提供＝大分市教育委員会)

別名	荷揚城、白雉城
城地種類	平城
築城年代	慶長2年(1597)
築城者	福原直高、竹中重利
主要城主	福原氏、早川氏、竹中氏、日根野氏、松平(大給)氏
文化財史跡区分	県指定史跡、市指定史跡
近年の主な復元・整備	平成7年に西之丸と山里丸をつなぐ廊下橋を復元
天守の現況・形態	天守台のみ残る
主な関連施設	ー
スタンプ設置所	大手門(当面の間、廊下橋内に設置)

岡城《おかじょう》

天険の要害にそそり立つ総石垣の城

大分県竹田市

主な遺構

本丸、二の丸、三の丸、西の丸、石垣

見どころ

標高三一八mの天神山《てんじんやま》の断崖絶壁を生かした古城であった。

文禄《ぶんろく》三年（一五九四）、岡城に入った中川秀成《なかがわひでしげ》は、本丸を中心に二の丸、三の丸をおき、高石垣《たかいしがき》を多用して、本丸に天《てん》守《しゅ》に相当する御三階櫓《ごさんかいやぐら》を建てた。こうして岡城は壮大な総《そう》石垣《いしがき》の城となったが、明治になると建物はすべて解体されてしまう。その荒廃したイメージから、瀧廉《たきれん》太郎《たろう》の『荒城の月』が生まれたといわれている。

▲御三階櫓台と本丸南側の石垣
本丸の御三階櫓は天守に相当し、外観三重、内部四階になっていた。金蔵跡まで石垣が続く。

◀三の丸北側の高石垣
城内でもっとも高い石垣は岩盤から直接天に向かってそそり立ち、決して人を寄せつけない。

▲下から望んだ大手門跡の石垣
石段の谷側に石塀を設けており、頂部には「かまぼこ石」と呼ばれている石塁が築かれている。

別名	臥牛城
城地種類	山城
築城年代	文治元年（1185）?、元徳3年（1331）?、慶長元年（1596）
築城者	緒方惟栄、志賀貞朝、中川秀成
主要城主	緒方氏、志賀氏、中川氏
文化財史跡区分	国指定史跡
近年の主な復元・整備	昭和60年から石垣、通路の復元、各郭の整備を実施中
天守の現況・形態	ー
主な関連施設	ー
スタンプ設置所	観覧料徴収所（総役所跡）

＊瀧廉太郎が作曲した『荒城の月』のイメージとなった城。二の丸跡に銅像がある。

飫《お》肥《び》城《じょう》

シラス台地に残る群郭型の古城

宮崎県日南市

主な遺構

本丸、中の丸、松尾《まつお》の丸、石垣、堀

見どころ

島津《しまづ》氏と伊東《いとう》氏の約二五年にわたる争奪戦を経て、天正一六年(一五八八)、伊東氏が入城した。近世城郭の体裁が整ったのは、その百年後の五代藩主・伊東祐実《すけざね》の大改修である。天守はないが、石垣の上に二階建隅櫓が二棟も建ち、中の丸(新本丸)には御殿群が出現した。また本丸(旧本丸)、松尾丸、今城などの曲輪が残り、南九州独特の中世群郭型遺構も見ることができる。御殿を体感できる松尾丸や復元された大手門もみどころ。

▶北門

旧本丸北虎口《こぐち》の門が復元されている他、旧本丸登り口には石垣が残り、飫肥杉が茂っている。

▼旧本丸虎口

貞享《じょうきょう》年間の改修以前の本丸の枡形《ますがた》虎《こ》口《ぐち》。石垣は飫肥石を使った切込接《きりこみはぎ》。

▶大手門

樹齢約100 年の飫肥杉を用いて、昭和53年(1978)に復元された櫓門《やぐらもん》。高さは12.3 m。門をくぐると内枡形《うちますがた》になっている。

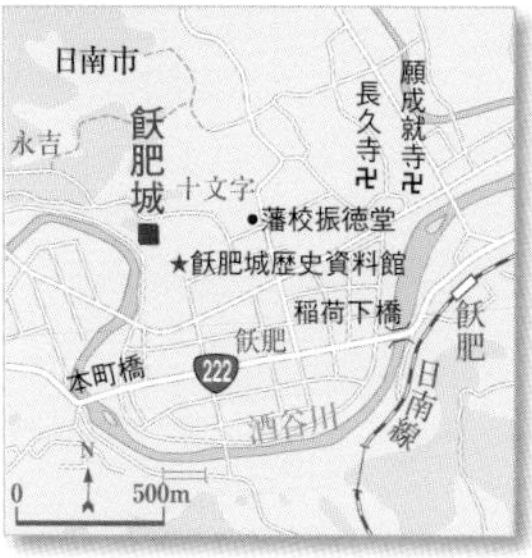

別名	舞鶴城
城地種類	平山城
築城年代	不明、貞享3年(1686)
築城者	不明、伊東祐実
主要城主	島津季久、新納忠続、島津豊州氏、伊東氏
文化財史跡区分	市指定史跡
近年の主な復元・整備	昭和53年に大手門
天守の現況・形態	二階建隅櫓跡石垣(現・鐘突堂)
主な関連施設	飫肥城歴史資料館、松尾の丸、豫章館、旧藩校「振徳堂」、飫肥城下町
スタンプ設置所	飫肥城歴史資料館

＊飫肥城歴史資料館では、城下町である飫肥の文化遺産を今に伝える。藩主の伊東家や家臣らの武具、古文書などを見ることができる。

鹿児島城《かごしまじょう》

館《やかた》造りだった大大名島津氏の居城

鹿児島県鹿児島市

主な遺構

本丸、二の丸、石垣、堀

見どころ

島津家久《しまづいえひさ》(忠恒《ただつね》)が築城した鹿児島城(鶴丸《つるまる》城)は、島津氏歴代当主の本城を踏襲し、防御に優れた山城《やまじろ》と、館造《やかたづく》りの居館《きょかん》を組み合わせた、強固で広大な城であった。

藩政の中心であった藩主の居館は、城山(上ノ山)を背後に、三方を堀と石垣で画し、前面は、御楼門《ごろうもん》の左右に御隅《おすみ》櫓《やぐら》、御兵具所《ごひょうぐしょ》(多聞櫓《たもんやぐら》)が配されていた。藩主居館の南西側一帯が二の丸で、北東側の私学校跡には御厩《おうまや》が置かれていた。城跡一帯は、西南《せいなん》戦争の舞台でもある。

▶本丸と二の丸の間にある石垣

切込接《きりこみはぎ》の石垣が続く。現在、本丸跡には鹿児島県歴史・美術センター黎明館が、二の丸跡には県立図書館がある。

▼本丸北東隅の鬼門除け

北東は鬼門《きもん》にあたるため、鬼門除けとして石垣の角を意図的に欠いている。

▶御楼門

本丸の正門。薩摩藩最上格の門で、儀礼の際などに藩主など限られた者だけが通行を許された特別な門。令和2年(2020)3月に147年ぶりに復元された。

別名	鶴丸城
城地種類	平山城
築城年代	慶長6年(1601)頃
築城者	島津家久(忠恒)
主要城主	島津氏
文化財史跡区分	国指定史跡(城山)、県指定史跡(鶴丸城跡)
近年の主な復元・整備	令和2年3月に御楼門復元
天守の現況・形態	ー
主な関連施設	城山、鹿児島県歴史・美術センター黎明館
スタンプ設置所	鹿児島県歴史・美術センター黎明館総合案内

＊鹿児島県歴史・美術センター黎明館には鹿児島城復元模型や歴史資料が展示されている。
休館日は月曜(祝日の場合は翌日)、毎月25日(土日の場合は開館)、12月31日～1月2日。

今帰仁城《なきじんじょう》

死角のない曲線美の石垣

沖縄県国頭郡今帰仁村

主な遺構

主郭、御内原《うーちばる》、大隅《うーしみ》、志慶真《しじま》門郭《じょうかく》、平郎門《へいろうもん》跡、石垣

見どころ

今帰仁城は沖縄本島北部の標高約一〇〇mのほぼ独立した丘上ある。怕尼芝《はにじ》らは山北《さんほく》王《おう》を称してこの地を統治していたが、中山王尚《ちゅうざんおうしょう》氏によって滅ぼされ、その後、薩摩《さつま》軍に攻められ炎上、廃城となった。「百曲《ももまが》り」と称される石垣をじっくりと見てほしい。古期石灰岩で堅牢に築かれ、城郭を幾重にも取り囲んでいる。狭間《さま》を備えた平郎門は正門。城内にはいくつもの聖域・拝所が存在し、現在も祭祀《さいし》が行われている。

▶志慶真門郭

志慶真門は主郭《しゅかく》(本丸)の裏門にあたり、郭は主郭の西側に一段下がった場所にある。現在、4棟の掘立柱《ほったてばしら》建物跡の遺構が表示されている。

▼志慶真門郭から見た主郭の石垣

主郭(本丸)からは多くの中国製陶器が出土しており、盛んに中国(明)と交易をおこなっていたことがわかる。

▶大隅の石垣

「百曲り」と称される大波がうねるような屏風《びょうぶ》状の石垣は美しく、死角がない。大隅は伝承によると兵士の訓練場と推定されている。

別名	北山城、今帰仁グスク
城地種類	山城
築城年代	13世紀末頃
築城者	不明
主要城主	怕尼芝、珉、攀安知
文化財史跡区分	国指定史跡
近年の主な復元・整備	昭和55年から石垣の修理工事などを実施中
天守の現況・形態	ー
主な関連施設	今帰仁城跡周辺遺跡、今帰仁村歴史文化センター、今帰仁村グスク交流センター
スタンプ設置所	今帰仁村グスク交流センター

＊当該地域では「なきじんぐすく」と呼称している。
＊平成12年(2000)に世界文化遺産に登録された。

日本100名城

No.99

中城城《なかぐすくじょう》

優美と堅固を合わせもつ城

沖縄県中頭郡中城村

主な遺構

一の郭《くるわ》・二の郭・三の郭など、拱門《きょうもん》、石垣

見どころ

沖縄本島中部にある。城は尾根上に六つの郭がつらなる連郭式《れんかくしき》。一四世紀後半に先中《さちなか》城按司《ぐすくあじ》が築城。一五世紀前半に中山王尚氏《ちゅうざんおうしょう》の同盟者護佐丸《ごさまる》が三の郭ほかを増築し、現在の形に整えたという。

琉球石灰岩で築いた石垣は野面積《のづらづみ》、布積《ぬのづみ》、相方積《あいかたづみ》とさまざまな技法が駆使されており、優美で堅固である。北の郭の入り口の物見台や一の郭の正殿跡も見どころ。

首里遙拝所《しゅりようはいじょ》など城内には八か所の聖域(御嶽《うたき》)がある。

▶西の郭の正門跡

ここが大手口で虎口《こぐち》は櫓門《やぐらもん》形式だったと推定されている。

▼南の郭石垣の狭間

この郭には大手の通路に向けて３つの狭間《さま》が設けられている。

▶北の郭の裏門

美しい石造拱門《せきぞうきょうもん》(アーチ門)が琉球の城(グスク)の特徴である。その築城技術をペリーも賞賛している。

別名	―
城地種類	山城
築城年代	14世紀後半頃
築城者	先中城按司、護佐丸
主要城主	先中城按司、護佐丸
文化財史跡区分	国指定史跡
近年の主な復元・整備	平成7年度から城壁など破損箇所の修理を実施中
天守の現況・形態	―
主な関連施設	―
スタンプ設置所	管理事務所の窓口(北中城村大城503)

＊平成12年(2000)に世界文化遺産に登録された。

首里城《しゅりじょう》

琉球王国の栄光を伝える城

沖縄県那覇市

主な遺構

正殿《せいでん》の基壇《きだん》、石垣、石敷き園路

見どころ

現在見られる城の基本的縄張《なわばり》は尚真王《しょうしんおう》と尚清王《しょうせいおう》の時代(一四七七~一五五五)である。

首里城の中心部となる御庭《うなー》は謁見《えっけん》や祭祀《さいし》の儀式が行われた場。その御庭を囲むように北殿、南殿・番所《ばんどころ》、奉神門《ほうしんもん》などの行政、儀礼のための建物が平成に復元された(令和元年〔二〇一九〕の火災で焼失し、現在再び復元中)。

門と城壁は本土の城郭との違いが大きい。また首里城は宗教上の聖地でもあり、京《きょう》の内《うち》などに一〇か所の御嶽《うたき》がある。

▶瑞泉門《ずいせんもん》
内郭《ないかく》の櫓門《やぐらもん》。首里城内は琉球石灰岩で築かれた幅約4m、高さ約6～10mの石垣が取り囲む。

▼外郭の歓会門(奥)と久慶門(手前)
歓会門《かんかいもん》は正門、久慶門《きゅうけいもん》は通用門。ともにアーチ門でその上に櫓《やぐら》を載せている。城壁は優美な曲線を描いているが武者走《むしゃばしり》があり、横矢《よこや》をかけられるようになっている。また城内は枡形《ますがた》状で防御意識は高い。

▶正殿
百浦添御殿《ももうらそえうどぅん》とも呼ばれ、琉球国と王家の象徴。1階は国王が年中行事を行う場で、2階は国王と親族・女官《にょかん》が儀式を行う場だった。(焼失のため復元中)

別名	ー
城地種類	平山城
築城年代	14世紀頃、1715年(正徳5年)
築城者	不明
主要城主	尚氏
文化財史跡区分	国指定史跡
近年の主な復元・整備	平成4~31年に龍樋、瑞泉門、漏刻門、日影台、供屋、広福門、系図座・用物座、西のアザナ、京の内、首里杜御獄、福奉神門、南殿・番所、正殿、北殿、右掖門、書院、鎖之間、淑順門、黄金御殿、寄満、奥書院、庭園、二階御殿、女官居室、世誇殿を復元
天守の現況・形態	ー
主な関連施設	園比屋御獄石門、玉陵、識名園
スタンプ設置所	首里社館、系図座・用物座、復興展示室

＊平成12年(2000)に世界文化遺産に登録された。
＊令和元年10月の火災による一部立入制限区域(北殿など)あり。

100 首里城（しゅりじょう）

【所在地】 〒903-0812　沖縄県那覇市首里当蔵町3
【電話】 098-886-2020（首里城公園管理センター）
【交通】 ゆいレールでは「儀保」駅・「首里」駅から徒歩約15分。バスでは首里駅から「1・14番市内線」で約5分「首里城公園入口」下車、徒歩約5分

＊令和元年10月の火災による一部立入制限区域（北殿など）あり。
[ス] 首里杜館、系図座・用物座、復興展示室

登城日　　年　　月　　日

登城者名《フリガナ》

登城開始日　　年　　月　　日

登城完了日　　年　　月　　日

所要年月　　年　　月　　日

●日本城郭協会の登城完了認定印

あなたの登録順位は　　　　番です。

すべてのスタンプがそろい、登録を望む方は日本城郭協会にこの本をお送りください。登録完了印と登録順位を記入して返送いたします。くわしくは 139 ページをご覧ください。

97 鹿児島城（かごしまじょう）

登城日　　年　　月　　日

【所在地】〒892-0853　鹿児島県鹿児島市城山町7-2
【電話】099-222-5100（黎明館）
【交通】JR日豊本線「鹿児島」駅から徒歩約15分。JR九州新幹線「鹿児島中央」駅下車。市電では約12分、バスでは約10分の「市役所前」下車、徒歩約5分

㉈ 鹿児島県歴史・美術センター黎明館総合案内（休館日は月曜〔祝日の場合は翌日〕、毎月25日〔土日の場合は開館〕、12月31日～1月2日）

98 今帰仁城（なきじんじょう）

登城日　　年　　月　　日

【所在地】〒905-0428　沖縄県国頭郡今帰仁村今泊5101
【電話】0980-56-4400（今帰仁城跡管理事務所）
【交通】名護バスターミナルから本部循環線で約40分「今帰仁城跡入り口」下車、徒歩約15分
やんばる急行バス（那覇空港発の那覇市内を経由する乗り換えなしの急行バス）で約2時間30分「今帰仁城跡入り口」下車、徒歩約15分

㉈ 今帰仁村グスク交流センター

99 中城城（なかぐすくじょう）

登城日　　年　　月　　日

【所在地】〒901-2402　沖縄県中頭郡中城村字泊1258
【電話】098-935-5719（中城城跡共同管理協議会）
【交通】那覇バスターミナルから「宜野湾市行き」で約50分「普天間」または「普天間入口」下車、タクシーに乗り継ぎ約5分

㉈ 管理事務所の窓口（北中城村大城503）

94 大分府内城（おおいたふないじょう）

【所在地】 〒870-8504　大分県大分市荷揚町4-1
【電話】 097-578-7546（大分市教育委員会文化財課）
【交通】 JR日豊線「大分」駅から徒歩約15分

㉄ 大手門（当面の間、廊下橋内に設置）

登城日　　年　　月　　日

95 岡城（おかじょう）

【所在地】 〒878-0013　大分県竹田市大字竹田2761
【電話】 0974-63-1541（観覧料徴収所）／0974-63-4818（竹田市教育委員会まちづくり文化財課）
【交通】 JR豊肥本線「豊後竹田」駅からタクシー約5分で観覧料徴収所（総役所跡）、徴収所から徒歩約30分で本丸跡

㉄ 観覧料徴収所（総役所跡）

登城日　　年　　月　　日

＊スタンプ押印時間／午前9時～午後5時。12月31日～ 1月3日休館

96 飫肥城（おびじょう）

【所在地】 〒889-2535　宮崎県日南市飫肥10-1-2
【電話】 0987-25-1905（小村記念館）
【交通】 JR日南線「飫肥」駅から徒歩約15分

㉄ 飫肥城歴史資料館（午前9時30分～午後5時、受付は16時30分まで、12月29日～ 31日は休館）

登城日　　年　　月　　日

91 島原城（しまばらじょう）

【所在地】 〒855-0036　長崎県島原市城内1-1183-1
【電話】 0957-62-4766（島原城天守閣事務所）
【交通】 島原鉄道「島原」駅から徒歩約5分

登城日　　年　　月　　日

[ス] 島原城受付窓口

92 熊本城（くまもとじょう）

【所在地】 〒860-0002　熊本県熊本市中央区本丸1-1
【電話】 096-352-5900（熊本城総合事務所）
【交通】 JR鹿児島本線「熊本」駅から熊本市電で約17分「熊本城・市役所前」下車、徒歩約10分

＊平成28年4月の熊本地震のため立ち入り禁止区域あり。

登城日　　年　　月　　日

[ス] 二の丸券売所、北口券売所、南口券売所、熊本城ミュージアムわくわく座

93 人吉城（ひとよしじょう）

【所在地】 〒868-0051　熊本県人吉市麓町18-4
【電話】 0966-22-2324（人吉城歴史館、現在休館中）
【交通】 JR肥薩線「人吉」駅から徒歩約20分、高速バス「人吉IC」バス停より徒歩25分、人吉ICより車で約5分

登城日　　年　　月　　日

[ス] 人吉城歴史館（現在、東側駐車場に設置）

＊人吉城歴史館は令和2年7月豪雨被害のため休館中（令和6年9月現在）

88

吉野ヶ里（よしのがり）

【所在地】〒842-0035　佐賀県神埼郡吉野ヶ里町田手1843
【電話】0952-55-9333（吉野ヶ里公園管理センター）
【交通】JR長崎本線「吉野ヶ里公園」駅・「神埼」駅から徒歩約15分

〼 吉野ヶ里歴史公園東口・西口・北口（1月第3月曜日とその翌日、12月31日は休み）

登城日　　年　　月　　日

89

佐賀城（さがじょう）

【所在地】〒840-0041　佐賀県佐賀市城内2-18-1
【電話】0952-41-7550（佐賀県立佐賀城本丸歴史館）
【交通】JR長崎本線「佐賀」駅から佐賀市営バス「佐賀城跡行き」で約10分「佐賀城跡」下車すぐ

〼 佐賀城本丸歴史館受付

登城日　　年　　月　　日

90

平戸城（ひらどじょう）

【所在地】〒859-5121　長崎県平戸市岩の上町1458
【電話】0950-22-2201（平戸城天守閣）
【交通】松浦鉄道西九州線「たびら平戸口」から西肥バス「平戸行き」で約10分「平戸市役所前」下車、徒歩約5分

〼 平戸城天守閣

登城日　　年　　月　　日

85 福岡城（ふくおかじょう）

【所在地】〒810-0043　福岡県福岡市中央区城内
【電話】092-711-4784（福岡市経済観光文化局史跡整備活用課）
【交通】市営地下鉄空港線「赤坂」駅または「大濠公園」駅から徒歩約5分

登城日　　年　　月　　日

[ス] 福岡城むかし探訪館、三の丸スクエア、鴻臚館跡展示館

86 大野城（おおのじょう）

【所在地】福岡県糟屋郡宇美町四王寺、太宰府市、大野城市
【電話】092-932-7373（福岡県立四王寺県民の森管理事務所）
【交通】西鉄太宰府線「太宰府」駅から徒歩約50分。またはJR鹿児島本線「南福岡」駅・西鉄大牟田線「雑餉隈」駅から西鉄バス「上宇美行き」で約20分「県民の森入口」下車、徒歩50分　ほかにJR「大野城」からのバスルートもある

登城日　　年　　月　　日

[ス] 福岡県立四王寺県民の森管理事務所、太宰府市文化ふれあい館、大宰府展示館、太宰府市役所、大野城心のふるさと館、大野城市役所、大野城市総合体育館、宇美町立歴史民俗資料館

87 名護屋城（なごやじょう）

【所在地】〒847-0401　佐賀県唐津市鎮西町名護屋
【電話】0955-82-4905（佐賀県立名護屋城博物館）
【交通】JR筑肥線「西唐津」駅から昭和バス「名護屋城博物館方面行き」で約40分「名護屋城博物館入口」下車、徒歩約5分

登城日　　年　　月　　日

[ス] 佐賀県立名護屋城博物館

82 大洲城（おおずじょう）

【所在地】〒795-0012　愛媛県大洲市大洲903
【電話】0893-24-1146（大洲城管理事務所）
【交通】JR予讃線「伊予大洲」駅から徒歩約20分

登城日　　年　　月　　日

[ス] 台所櫓入口（大洲城内入口）

83 宇和島城（うわじまじょう）

【所在地】〒798-0060　愛媛県宇和島市丸之内
【電話】0895-22-2832（宇和島城天守）／0895-49-7033（宇和島市教育委員会文化・スポーツ課）
【交通】JR予讃線「宇和島」駅から徒歩約20分で登り口、登り口から天守まで徒歩約15分

登城日　　年　　月　　日

[ス] 宇和島城天守

84 高知城（こうちじょう）

【所在地】〒780-0850　高知県高知市丸ノ内1-2-1
【電話】088-824-5701（高知城管理事務所）
【交通】とさでん交通「高知城前」駅から徒歩約5分

登城日　　年　　月　　日

[ス] 本丸御殿入口

〔お願い〕スタンプ押印のマナーを守りましょう。

79 今治城（いまばりじょう）

登城日　年　月　日

【所在地】 〒794-0036　愛媛県今治市通町3-1-3
【電話】 0898-31-9233（今治城管理事務所）
【交通】 JR予讃線「今治」駅からせとうちバス「今治営業所行き」で約9分「今治城前」下車。今治北IC（瀬戸内しまなみ海道）から車で約15分。今治湯ノ浦IC（今治小松自動車道）から車で約20分

[ス] 今治城管理事務所（天守1階）、12月29日～31日休館

80 湯築城（ゆづきじょう）

登城日　年　月　日

【所在地】 〒790-0857　愛媛県松山市道後公園
【電話】 089-941-1480（湯築城資料館）
【交通】 JR予讃線「松山」駅から市内電車「道後温泉行き」で約20分「道後公園」駅下車、徒歩約1分

[ス] 湯築城資料館（午前9時～午後5時）、休館日は月曜日（祝日の場合は翌日）。年末年始、休館日は資料館入口

81 松山城（まつやまじょう）

登城日　年　月　日

【所在地】 〒790-0008　愛媛県松山市丸之内1
【電話】 089-921-4873（松山城総合事務所）
【交通】 JR予讃線「松山」駅から市内電車で約10分「大街道」下車、徒歩5分、城山ロープウェイで約2分、「長者ヶ平」駅から天守まで徒歩約10分

[ス] 松山城天守切符売場（本丸広場）

76 徳島城（とくしまじょう）

【所在地】 〒770-0851　徳島県徳島市徳島町城内1ほか
【電話】 088-656-2525（徳島市立徳島城博物館）／088-621-5419(徳島市教育委員会社会教育課)
【交通】 JR徳島線・牟岐線「徳島」駅から徒歩約8分

[ス] 徳島市立徳島城博物館受付カウンター、徳島市教育委員会社会教育課カウンター、徳島中央公園東側駐車場入口事務所（いずれも年末年始休館あり。電話で確認のこと）

登城日　　年　　月　　日

77 高松城（たかまつじょう）

【所在地】 〒760-0030　香川県高松市玉藻町2-1
【電話】 087-851-1521（玉藻公園管理事務所）
【交通】 JR予讃線・高徳線「高松」駅から徒歩約3分

登城日　　年　　月　　日

[ス] 高松城東・西入口・玉藻公園管理事務所

78 丸亀城（まるがめじょう）

【所在地】 〒763-0025　香川県丸亀市一番丁
【電話】 0877-22-0331（丸亀市観光協会）
【交通】 JR予讃線「丸亀」駅から徒歩約10分で登り口、登り口から天守まで徒歩約10分

登城日　　年　　月　　日

[ス] 丸亀城天守・丸亀市立資料館

73 広島城（ひろしまじょう）

登城日　　年　　月　　日

【所在地】 〒730-0011　広島県広島市中区基町21-1
【電話】 082-221-7512（〔公財〕広島市文化財団広島城）
【交通】 JR山陽本線・山陽新幹線「広島」駅から広島電鉄市内線1・2・6号線で約15分「紙屋町東」下車、徒歩約15分

[ス] 天守閣入口（3月～11月：9時～17時30分、12月～2月：9時～16時30分）

74 岩国城（いわくにじょう）

登城日　　年　　月　　日

【所在地】 〒741-0081　山口県岩国市横山3
【電話】 0827-41-1477（錦川鉄道株式会社）
【交通】 JR山陽本線「岩国」駅からいわくにバス「錦帯橋行き」で約20分「錦帯橋」下車、徒歩約10分で岩国城ロープウェイ「城山山麓」、ロープウェイで約3分「山頂」下車、徒歩約8分で天守

[ス] 岩国城受付窓口（ロープウェイ運休日は休館）

75 萩　城（はぎじょう）

登城日　　年　　月　　日

【所在地】 〒758-0057　山口県萩市堀内字旧城1-1
【電話】 0838-25-3131（萩市役所）
【交通】 JR山陰本線「東萩」駅から萩市内循環「まぁーるバス（西回り）」で「萩城跡・指月公園入口北門屋敷入口」下車、徒歩約4分

[ス] 本丸入口料金所

70 岡山城（おかやまじょう）

【所在地】 〒700-0823　岡山県岡山市北区丸の内2-3-1
【電話】 086-225-2096（岡山城事務所）
【交通】 JR山陽本線・山陽新幹線「岡山」駅下車。路面電車「東山行き」では約5分「城下」下車、徒歩約10分。岡電バス「岡電高屋行き」·両備バス「東山経由西大寺行き」では約15分「県庁前」下車、徒歩約10分

[入] 岡山城天守閣入口（12月29日～31日休館）

登城日　　年　　月　　日

71 福山城（ふくやまじょう）

【所在地】 〒720-0061　広島県福山市丸之内1-8
【電話】 084-922-2117（福山城博物館）
【交通】 JR山陽本線・山陽新幹線「福山」駅から徒歩約5分

[入] 福山城天守閣内（月曜日休館、祝日の場合は翌日）

登城日　　年　　月　　日

72 郡山城（こおりやまじょう）

【所在地】 〒731-0501　広島県安芸高田市吉田町吉田字郡山
【電話】 0826-42-0070（安芸高田市歴史民俗博物館）
【交通】 広島バスセンターから広島電鉄バスで「安芸高田市役所」下車徒歩約5分で登城口（バス所要時間約1時間30分。休日も運行）

[入] 安芸高田市歴史民俗博物館（火曜日・祝日の翌日休館、火曜日が祝日の場合は翌日）

登城日　　年　　月　　日

67 津山城（つやまじょう）

【所在地】〒708-0022　岡山県津山市山下
【電話】0868-23-9123（備中櫓受付）
【交通】JR津山線「津山」駅から徒歩約15分

登城日　　年　　月　　日

[ス] 津山城備中櫓受付

68 備中松山城（びっちゅうまつやまじょう）

【所在地】〒716-0004　岡山県高梁市内山下1
【電話】0866-22-1487（備中松山城管理事務所）
【交通】JR伯備線「備中高梁」駅から車で約10分、下車後徒歩約20分（土日、祝日、平日の混雑時には備中松山城ふもとの「城見橋公園」から「鞴峠（ふいごとうげ）」までシャトルバス運行、備中高梁駅から乗合タクシーも運行〔要予約〕）

登城日　　年　　月　　日

[ス] 備中松山城券売所（12月29日～1月3日休館）

＊乗合タクシーの予約は高梁市観光案内所（0866-22-8666）まで

69 鬼ノ城（きのじょう）

【所在地】〒719-1101　岡山県総社市奥坂、黒尾
【電話】0866-99-8566（鬼城山ビジターセンター）
【交通】JR吉備線「服部」駅から約5㎞（JR総社駅からタクシーで約20分）

登城日　　年　　月　　日

[ス] 鬼城山ビジターセンター

64 松江城（まつえじょう）

【所在地】 〒690-0887　島根県松江市殿町1-5
【電話】 0852-21-4030（松江城山公園管理事務所）
【交通】 JR山陰本線「松江」駅下車。徒歩では約30分。松江市営・一畑バスでは約10分「国宝松江城県庁前」下車、徒歩約10分

[ス] 松江城天守内受付窓口

登城日　　年　　月　　日

65 月山富田城（がっさんとだじょう）

【所在地】 〒692-0403　島根県安来市広瀬町富田2188
【電話】 0854-32-2767（安来市立歴史資料館）
【交通】 JR山陰本線「安来」駅からイエローバス「広瀬バスターミナル行き」で約30分「市立病院前」下車、徒歩約10分

[ス] 安来市立歴史資料館（安来市広瀬町町帳752）

登城日　　年　　月　　日

66 津和野城（つわのじょう）

【所在地】 〒699-5605　島根県鹿足郡津和野町後田
【電話】 0856-72-0652（津和野町商工観光課）
【交通】 JR山口線「津和野」駅から徒歩約20分で登り口、登り口からリフトと徒歩約15分で三十間台（本丸）

[ス] リフト茶屋

登城日　　年　　月　　日

61 高取城（たかとりじょう）

登城日　　年　　月　　日

【所在地】 〒635-0101　奈良県高市郡高取町高取
【電話】 0744-52-1150（高取町観光案内所「夢創館」）
【交通】 近鉄吉野線「壺阪山」駅から奈良交通バス「壺阪寺行き」で「壺阪寺前」下車、徒歩約40分。旧城下町の土佐街道を通るハイキングコースあり。所要時間約90分

[ス] 高取町観光案内所「夢創舘」館内および館外

62 和歌山城（わかやまじょう）

登城日　　年　　月　　日

【所在地】 〒640-8146　和歌山県和歌山市一番丁3
【電話】 073-422-8979（和歌山城天守閣）
【交通】 JR紀勢本線「和歌山」駅・南海本線「和歌山市」駅から和歌山バスで約10分「公園前」下車、徒歩すぐ

[ス] 和歌山城天守閣チケット売場

63 鳥取城（とっとりじょう）

登城日　　年　　月　　日

【所在地】 〒680-0011　鳥取県鳥取市東町
【電話】 0857-26-3595（仁風閣）
【交通】 JR山陰本線「鳥取」駅から日交バス・日ノ丸バス「砂丘・湖山方面行き」で約5分「西町」下車、徒歩約5分で上り口、上り口から山上の丸まで徒歩約30分。鳥取市100円バス「くる梨　緑コース」、休日および夏季運行の観光バス「ループ麒麟獅子」では鳥取城の堀端で乗下車可能

[ス] 鳥取城跡内「重要文化財 仁風閣」内

58 明石城（あかしじょう）

【所在地】〒673-0847　兵庫県明石市明石公園1-27
【電話】078-912-7600（明石公園）
【交通】JR山陽本線「明石」駅･山陽電鉄本線「山陽明石」駅から徒歩約5分

ス 明石公園サービスセンター、明石市立文化博物館

登城日　　年　　月　　日

59 姫路城（ひめじじょう）

【所在地】〒670-0012　兵庫県姫路市本町68
【電話】079-285-1146（姫路城管理事務所）
【交通】JR山陽本線・山陽新幹線「姫路」駅、山陽電鉄「山陽姫路」駅から徒歩約20分、バス5分

ス 管理事務所入口（入城口横）

登城日　　年　　月　　日

60 赤穂城（あこうじょう）

【所在地】〒678-0235　兵庫県赤穂市上仮屋
【電話】0791-43-6962（赤穂市教育委員会）
【交通】JR赤穂線「播州赤穂」駅から徒歩15分

ス 本丸櫓門下、赤穂市立歴史博物館

登城日　　年　　月　　日

55 千早城（ちはやじょう）

登城日　　年　　月　　日

【所在地】 〒585-0051　大阪府南河内郡千早赤阪村千早1228
【電話】 0721-72-0081（千早赤阪村観光産業振興課）
【交通】 南海高野線・近鉄長野線「河内長野」駅から南海バス「金剛山ロープウェイ前行き」で約30分「金剛登山口」下車、徒歩約20分

[ス] 金剛山麓「まつまさ」

56 竹田城（たけだじょう）

登城日　　年　　月　　日

【所在地】 〒669-5252　兵庫県朝来市和田山町竹田字古城山169
【電話】 079-674-2120（情報館天空の城）
【交通】 JR播但線「竹田」駅から徒歩約40～50分

[ス] わだやま観光案内所（JR竹田駅）、「山城の郷(さと)」、観覧料収受棟、情報館天空の城

57 篠山城（ささやまじょう）

登城日　　年　　月　　日

【所在地】 〒669-2332　兵庫県丹波篠山市北新町2-3
【電話】 079-552-4500（篠山城大書院）
【交通】 JR福知山線「篠山口」駅から神姫グリーンバス「篠山営業所行き」で「二階町」下車、徒歩約5分

[ス] 大書院館内

52 観音寺城（かんのんじじょう）

【所在地】 〒521-1331　滋賀県近江八幡市安土町石寺ほか
【電話】 0748-46-5616（安土城郭資料館）
【交通】 JR東海道本線「安土」駅から徒歩約40分で登城口、登城口から「伝本丸跡」まで徒歩約35分

安土城郭資料館、石寺楽市会館、観音正寺、桑實寺

登城日　　年　　月　　日

53 二条城（にじょうじょう）

【所在地】 〒604-8301　京都府京都市中京区二条通堀川西入二条城町541
【電話】 075-841-0096（元離宮二条城事務所）
【交通】 JR東海道新幹線・東海道本線「京都」駅から市バス「9·50·急行101·111号系統」で約20分「二条城前」下車すぐ。地下鉄東西線「二条城前」駅から徒歩すぐ

総合案内所、大休憩所（いずれも休館日は12月29日～31日）

登城日　　年　　月　　日

54 大阪城（おおさかじょう）

【所在地】 〒540-0002　大阪府大阪市中央区大阪城1-1
【電話】 06-6941-3044（大阪城天守閣）
【交通】 JR大阪環状線「森ノ宮」駅·「大阪城公園」駅から徒歩15分。地下鉄谷町線·地下鉄中央線「谷町四丁目」駅から徒歩約15分

天守閣1階インフォメーション（要天守閣入館料／午前9時～午後5時）

登城日　　年　　月　　日

49 小谷城（おだにじょう）

登城日　　年　　月　　日

【所在地】 〒529-0313　滋賀県長浜市湖北町伊部
【電話】 0749-78-2320（小谷城戦国歴史資料館）
【交通】 JR北陸本線「河毛」駅下車。徒歩では約30分。北陸自動車道「小谷城スマートIC」から約5分

[ス] 小谷城戦国歴史資料館。休館日（火曜日）はJR「河毛」駅コミュニティハウスに設置

＊交通／北陸自動車道「小谷城スマートIC」から約5分

50 彦根城（ひこねじょう）

登城日　　年　　月　　日

【所在地】 〒522-0061　滋賀県彦根市金亀町1-1
【電話】 0749-22-2742（彦根城運営管理センター）
【交通】 JR東海道本線「彦根」駅から徒歩約15分

[ス] 開国記念館（彦根城城内）

51 安土城（あづちじょう）

登城日　　年　　月　　日

【所在地】 〒521-1311　滋賀県近江八幡市安土町下豊浦
【電話】 0748-46-5616（安土城郭資料館）
【交通】 JR東海道本線「安土」駅から徒歩約25分で登城口、登城口から天主台まで徒歩約25分

[ス] 安土城郭資料館、安土城天主信長の館、安土城跡

【所在地】〒441-1634　愛知県新城市長篠字市場22-1
【電話】0536-32-0162（新城市長篠城址史跡保存館）
【交通】JR飯田線「長篠城」駅下車、徒歩約8分。新東名高速「新城IC」から約5分

☒ 新城市長篠城址史跡保存館

登城日　　年　　月　　日

46 長篠城（ながしのじょう）

＊スタンプは終日押印可

【所在地】〒518-0873　三重県伊賀市上野丸之内106
【電話】0595-21-3148（〔公財〕伊賀文化産業協会）
【交通】伊賀鉄道「上野市」駅から徒歩約8分

☒ 大天守閣1階（12月29日～31日休館）

登城日　　年　　月　　日

47 伊賀上野城（いがうえのじょう）

＊スタンプ押印時間／午前9時～午後4時45分

【所在地】〒515-0073　三重県松阪市殿町
【電話】0598-23-2381（松阪市立歴史民俗資料館）／0598-21-0312（本居宣長記念館）
【交通】JR紀勢本線・近鉄山田線「松阪」駅から徒歩約15分

☒ 松阪市立歴史民俗資料館、本居宣長記念館（2館の休館日は松阪駅観光情報センターと豪商のまち松阪観光交流センターに設置）

登城日　　年　　月　　日

48 松阪城（まつさかじょう）

43 犬山城（いぬやまじょう）

【所在地】 〒484-0082　愛知県犬山市犬山字北古券65-2
【電話】 0568-61-1711（犬山城管理事務所）
【交通】 名鉄犬山線「犬山遊園」駅から徒歩約15分、「犬山」駅から徒歩約20分

登城日　　年　　月　　日

[ス] 城郭内（門2階の管理事務所）

44 名古屋城（なごやじょう）

【所在地】 〒460-0031　愛知県名古屋市中区本丸1-1
【電話】 052-231-1700（名古屋城総合事務所）
【交通】 市営地下鉄名城線「市役所」下車、徒歩5分。JR「名古屋」駅から市バスで約15分「市役所」下車、徒歩5分

登城日　　年　　月　　日

[ス] 総合案内所（正門改札所、東門改札所）

45 岡崎城（おかざきじょう）

【所在地】 〒444-0052　愛知県岡崎市康生町561-1　岡崎公園内
【電話】 0564-22-2122（岡崎城天守）
【交通】 名鉄名古屋本線「東岡崎」駅から徒歩約15分

登城日　　年　　月　　日

[ス] 天守１階（午前9時～午後4時30分）

40 山中城（やまなかじょう）

【所在地】 〒411-0011　静岡県三島市山中新田410-4（山中城跡売店）
【電話】 055-971-5000（三島市観光協会）／055-985-2970（山中城跡売店）
【交通】 JR東海道本線・東海道新幹線「三島」駅南口から東海バス「元箱根港行き」で約30分「山中城跡」下車すぐ
[ス] 山中城跡売店前（屋外）

登城日　　年　　月　　日

41 駿府城（すんぷじょう）

【所在地】 〒420-0855　静岡県静岡市葵区駿府城公園1-1
【電話】 054-221-1085（静岡市歴史文化課）／054-251-0016（駿府城公園二ノ丸施設管理事務所）
【交通】 JR東海道本線・東海道新幹線「静岡」駅から徒歩約15分
[ス] 東御門券売所、坤櫓（午前9時～午後4時、月曜日休館。祝日、休日の場合は開館。12月29日～1月3日も休館）

登城日　　年　　月　　日

＊スタンプ押印時間／静岡市役所歴史文化課(年末年始を除く上記休館日のみ午前9時～午後5時)。

42 掛川城（かけがわじょう）

【所在地】 〒436-0079　静岡県掛川市掛川1138-24
【電話】 0537-22-1146（掛川城管理事務所）
【交通】 JR東海道本線・東海道新幹線「掛川」駅北口から北へ徒歩約7分
[ス] 掛川城御殿（午前9時～午後5時、入館は4時30分まで。状況により開館時間が変更になる場合があり）

登城日　　年　　月　　日

37 一乗谷城（いちじょうだにじょう）

登城日　年　月　日

【所在地】〒910-2153　福井県福井市城戸ノ内町
【電話】0776-41-2330（一般社団法人　朝倉氏遺跡保存協会）
【交通】JR越美北線「一乗谷」駅から徒歩約25分。JR北陸本線「福井」駅から京福バス一乗谷東郷線で約30分「復原町並」下車すぐ

図「復原町並」入口（南・北）（午前9時～午後5時、入場は4時30分まで）

38 岩村城（いわむらじょう）

登城日　年　月　日

【所在地】〒509-7403　岐阜県恵那市岩村町字城山
【電話】0573-43-3057（岩村歴史資料館）
【交通】明知鉄道「岩村」駅下車、岩村歴史資料館まで徒歩約20分（本丸まではさらに約20分）

図 岩村歴史資料館受付窓口（休館日は岩村振興事務所）

39 岐阜城（ぎふじょう）

登城日　年　月　日

【所在地】〒500-0000　岐阜県岐阜市金華山天守閣18
【電話】058-263-4853（岐阜城）
【交通】JR東海道本線「岐阜」駅および名鉄名古屋本線「名鉄岐阜」駅から岐阜バス「長良橋」方面行きで約15分「岐阜公園・歴史博物館前」下車、徒歩約3分で「金華山ロープウェー山麓」駅、山麓駅から「金華山ロープウェー山頂」駅までロープウェーで約4分、山頂駅から天守まで徒歩約8分

図 岐阜城（入場者に限る）

34 七尾城（ななおじょう）

【所在地】〒926-0024　石川県七尾市古府町・古屋敷町・竹町入会大塚14番ほか
【電話】0767-53-4215（七尾城史資料館）
【交通】JR七尾線「七尾」駅から市内巡回バス「まりん号」東回りで約13分「城史資料館前」下車、本丸まで徒歩約60分

[ス] 七尾城史資料館玄関前、七尾市役所本庁

登城日　　年　　月　　日

35 金沢城（かなざわじょう）

【所在地】〒920-0937　石川県金沢市丸の内1-1
【電話】076-234-3800（金沢城・兼六園管理事務所）
【交通】JR北陸本線・北陸新幹線「金沢」駅から北鉄バスで約15分「兼六園下・金沢城」下車、徒歩約5分

[ス] 二の丸案内所（午前9時～午後4時30分）、石川門入口案内所

登城日　　年　　月　　日

36 丸岡城（まるおかじょう）

【所在地】〒910-0231　福井県坂井市丸岡町霞1-59
【電話】0776-66-0303（霞ヶ城公園管理事務所）
【交通】JR北陸本線「福井」駅から京福バス「丸岡城行き」で約50分「丸岡城」下車すぐ

[ス] 丸岡城券売所前

登城日　　年　　月　　日

＊スタンプ押印時間／午前8時30分～午後4時30分

31 新発田城（しばたじょう）

【所在地】〒957-0052　新潟県新発田市大手町6
【電話】0254-22-9534（新発田市教育委員会文化行政課）
【交通】JR羽越本線「新発田」駅から徒歩20分

[ス] 新発田城表門、
12月～3月は新発田市役所本庁舎1階、土・日・祝日・年末年始は守衛室

登城日　　年　　月　　日

32 春日山城（かすがやまじょう）

【所在地】〒943-0819　新潟県上越市大字中屋敷字春日山ほか
【電話】025-544-3728（春日山城跡ものがたり館）
【交通】JR北陸本線「直江津」駅から頸城バス「春日山・佐内線（中央病院行）」で約15分、えちごトキめき鉄道「春日山」駅から頸城バス「春日山・佐内線（直江津駅行）」で10分、「ものがたり館入口」下車

[ス] 春日山城跡ものがたり館（12月～2月は市埋蔵文化財センター）

登城日　　年　　月　　日

33 高岡城（たかおかじょう）

【所在地】〒933-0044　富山県高岡市古城1-5
【電話】0766-20-1572（高岡市立博物館）
【交通】あいの風とやま鉄道「高岡」駅より徒歩約15分。

[ス] 高岡市立博物館（鍛冶丸跡）

登城日　　年　　月　　日

28 小諸城（こもろじょう）

【所在地】 〒384-0804　長野県小諸市丁311
【電話】 0267-22-0296（小諸市懐古園事務所）
【交通】 JR小海線・しなの鉄道「小諸」駅から徒歩約3分

㊞ 懐古園事務所入口（午前9時～午後5時／12月～3月中旬の毎週水曜日、12月29日～1月3日は休園）

登城日　　年　　月　　日

29 松本城（まつもとじょう）

【所在地】 〒390-0873　長野県松本市丸の内4-1
【電話】 0263-32-2902（松本城管理課）
【交通】 JR篠ノ井線「松本」駅からバス（タウンスニーカー北コース）で約8分「松本城・市役所前」下車、徒歩約3分

㊞ 松本城管理事務所（有料区域本丸庭園内／12月29日～31日休館）

登城日　　年　　月　　日

30 高遠城（たかとおじょう）

【所在地】 〒396-0213　長野県伊那市高遠町東高遠城跡
【電話】 0265-94-2557（伊那市教育委員会　生涯学習課）／0265-94-4444（伊那市立高遠町歴史博物館）
【交通】 JR飯田線「伊那市」駅からJRバス関東高遠線で約25分「高遠駅」下車、徒歩約15分

㊞ 伊那市立高遠町歴史博物館（玄関前）

登城日　　年　　月　　日

25 甲府城（こうふじょう）

【所在地】〒400-0031　山梨県甲府市丸の内1-5-4
【電話】055-227-6179（舞鶴城公園管理事務所）
【交通】JR中央本線「甲府」駅南口から徒歩約5分

登城日　　年　　月　　日

[ス] 舞鶴城公園管理事務所（午前8時30分～午後5時）、甲府城稲荷櫓(午前9時～午後4時30分。入館は午後4時まで)休館日は月曜日（祝日は開館）、祝日の翌日、年末年始

26 松代城（まつしろじょう）

【所在地】〒381-1231　長野県長野市松代町松代44
【電話】026-278-2801（真田宝物館）
【交通】JR北陸新幹線「長野」駅からアルピコ交通「松代行き」バスで約30分「松代駅」下車、徒歩約5分。

登城日　　年　　月　　日

[ス] 真田邸（午前9時～午後5時、11月～3月は午後4時30分まで、年末年始は休館）

27 上田城（うえだじょう）

【所在地】〒386-0026　長野県上田市二の丸
【電話】0268-22-1274（上田市立博物館）
【交通】JR北陸新幹線「上田」駅から徒歩約10分

登城日　　年　　月　　日

[ス] 上田市立博物館（水曜日・祝日の翌日休み）、上田市観光会館

22 八王子城（はちおうじじょう）

【所在地】〒193-0826　東京都八王子市元八王子町・下恩方町・西寺方町
【電話】042-620-7265（八王子市教育委員会文化財課）
【交通】JR中央本線「高尾」駅北口から西東京バス「霊園正門経由」で約5分「霊園前·八王子城入口」下車、徒歩約20分。土日祝日のみ「八王子城跡行き」で「八王子城跡」下車すぐ
㉂ ガイダンス施設

登城日　　年　　月　　日

23 小田原城（おだわらじょう）

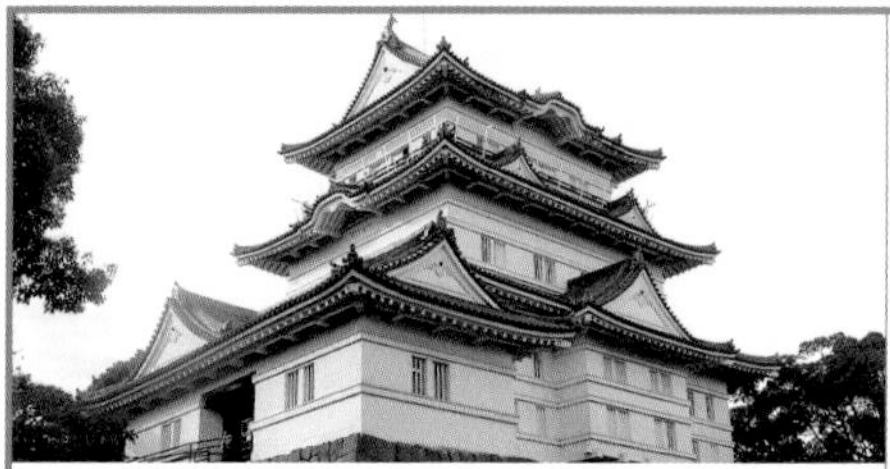

【所在地】〒250-0014　神奈川県小田原市城内6-1
【電話】0465-22-3818（小田原城天守閣）
【交通】JR東海道本線・東海道新幹線・小田急小田原線「小田原」駅から徒歩約10分
㉂ 天守閣1階

登城日　　年　　月　　日

＊スタンプ押印時間／午前9時～午後4時30分

24 武田氏館（たけだしやかた）

【所在地】〒400-0014　山梨県甲府市古府中町2611
【電話】055-252-2609（武田神社社務所）
【交通】JR中央本線「甲府」駅北口より、北へ一本道（通称 武田通り）約2㎞。山梨交通バス「武田神社行き」約10分「武田神社」下車すぐ。甲府駅より徒歩約30分
㉂ 武田神社宝物殿（水曜日休館）、同神社授与所

登城日　　年　　月　　日

＊スタンプ押印時間／午前9時30分～午後4時

19 川越城（かわごえじょう）

登城日　　年　　月　　日

【所在地】〒350-0053　埼玉県川越市郭町2-13-1
【電話】049-222-5399（川越市立博物館）
【交通】東武東上線・JR川越線「川越」駅および西武新宿線「本川越」駅から東武バス「神明町車庫行き」で約10分「札の辻」下車、徒歩約8分。東武バス「小江戸名所めぐり」で「博物館前」下車、徒歩2分。イーグルバス「小江戸巡回バス」で「博物館・美術館前」下車すぐ
☒ 川越城本丸御殿受付窓口

20 佐倉城（さくらじょう）

登城日　　年　　月　　日

【所在地】〒285-0017　千葉県佐倉市城内町官有無番地
【電話】043-484-6165（佐倉市都市部公園緑地課）
【交通】京成電鉄京成本線「京成佐倉」駅から徒歩約20分。JR総武本線「佐倉」駅から徒歩約25分
☒ 佐倉城址公園管理センター、国立歴史民俗博物館

21 江戸城（えどじょう）

登城日　　年　　月　　日

【所在地】〒100-0001　東京都千代田区千代田
【電話】
【交通】JR「東京」駅から徒歩約15分、地下鉄千代田線「大手町」駅から徒歩約5分
☒ 楠公休憩所、和田倉休憩所、北の丸休憩所

16 箕輪城（みのわじょう）

【所在地】〒370-3105　群馬県高崎市箕郷町西明屋ほか
【電話】027-321-1292（高崎市文化財保護課）
【交通】JR高崎本線・上越新幹線「高崎」駅から群馬バス「箕郷行き」で約30分「箕郷本町」下車、徒歩約20分

[ス] 箕郷(みさと)支所受付

登城日　　年　　月　　日

＊スタンプ押印時間／午前8時30分～午後5時15分

17 金山城（かなやまじょう）

【所在地】〒373-0027　群馬県太田市金山町40-106ほか
【電話】0276-25-1067（史跡金山城跡ガイダンス施設）
【交通】東武伊勢崎線「太田」駅から徒歩約80分（後半は登山）

[ス] 史跡金山城跡（中島記念公園）の南曲輪休憩施設内

登城日　　年　　月　　日

18 鉢形城（はちがたじょう）

【所在地】〒369-1224　埼玉県大里郡寄居町鉢形2496-2
【電話】048-586-0315（鉢形城歴史館）
【交通】JR八高線・秩父鉄道・東武東上線「寄居」駅下車。徒歩では約25分。東秩父村営バス「和紙の里行き」では約5分「鉢形城歴史館前」下車、徒歩約5分

[ス] 鉢形城歴史館受付（時間外及び休館日は駐車場正門）

登城日　　年　　月　　日

＊スタンプ押印時間／午前9時30分～午後4時30分

13 白河小峰城（しらかわこみねじょう）

【所在地】 〒961-0074　福島県白河市郭内
【電話】 0248-22-1147（（公財）白河観光物産協会）
【交通】 JR東北本線「白河」駅から徒歩約5分

登城日　　年　　月　　日

[ス] 三重櫓、二ノ丸茶屋、（公財）白河観光物産協会、小峰城歴史館（年末年始休館）

＊スタンプ押印時間／4月～10月、11月～3月で閉館時間が異なる

14 水戸城（みとじょう）

【所在地】 〒310-0011　茨城県水戸市三の丸
【電話】 029-231-4725（弘道館事務所）
【交通】 JR常磐線「水戸」駅から徒歩約8分

登城日　　年　　月　　日

[ス] 弘道館料金所窓口（12月29日～31日休館）

15 足利氏館（あしかがしやかた）

【所在地】 〒326-0803　栃木県足利市家富町2220
【電話】 0284-41-2627（鑁阿寺）
【交通】 JR両毛線「足利」駅から徒歩約10分。東武伊勢崎線「足利市」駅から徒歩約15分。北関東自動車道「足利IC」から車で15分

登城日　　年　　月　　日

[ス] 鑁阿寺（ばんなじ）本堂内寺務所（午前8時30分～午後4時）

＊スタンプ設置場所は鑁阿寺（足利氏館）

10 山形城（やまがたじょう）

【所在地】 〒990-0826　山形県山形市霞城町1-7
【電話】 023-641-1212（内線530／山形市まちづくり政策部公園緑地課）
【交通】 JR奥羽本線・山形新幹線「山形」駅西口から南門まで徒歩約8分。または東口から東大手門まで徒歩約12分

[ス] 最上義光歴史館、山形市郷土館受付窓口、二ノ丸東大手門櫓内部

登城日　　年　　月　　日

＊スタンプ押印期間／最上義光歴史館は9:00～16:30（月曜、年末年始休館）、山形市郷土館は9:00～16:00（年末年始休館）、二ノ丸東大手門櫓は9:00～16:00（4月上旬～11月上旬まで）

11 二本松城（にほんまつじょう）

【所在地】 〒964-0904　福島県二本松市郭内3丁目・4丁目
【電話】 0243-55-5154（二本松市教育委員会文化課）
【交通】 JR東北本線「二本松」駅から徒歩約20分で内城入口、入口から本丸まで徒歩約15分

[ス] 二本松市歴史観光施設「にほんまつ城報館」、JR「二本松」駅構内観光案内所（年末年始休館）

登城日　　年　　月　　日

＊スタンプ押印時間／にほんまつ城報館は午前9時～午後5時（月曜日を除く）、観光案内所は午前9時～午後5時30分

12 会津若松城（あいづわかまつじょう）

【所在地】 〒965-0873　福島県会津若松市追手町1-1
【電話】 0242-27-4005（〔一財〕会津若松観光ビューロー）
【交通】 JR磐越西線「会津若松」駅からまちなか周遊バスで約20分「鶴ヶ城入口」下車、徒歩約5分

[ス] 天守閣内売店カウンター

登城日　　年　　月　　日

＊スタンプ押印時間／午前8時30分～午後5時

7 多賀城（たがじょう）

登城日　　年　　月　　日

【所在地】 〒985-0864　宮城県多賀城市市川字城前ほか
【電話】 022-368-5309（多賀城管理事務所）
【交通】 JR東北本線「国府多賀城」駅から徒歩約15分

[ス] 多賀城跡管理事務所（12月28日～1月3日休館）

＊スタンプ押印時間／24時間押印可

8 仙台城（せんだいじょう）

登城日　　年　　月　　日

【所在地】 〒980-0862　宮城県仙台市青葉区川内
【電話】 022-214-8544（仙台市教育委員会文化財課）
【交通】 JR東北本線・東北新幹線「仙台」駅下車。西口バスプール16番より観光シティバス「るーぷる仙台」で約23分「仙台城跡」下車、徒歩3分。地下鉄「仙台」駅より東西線で約5分「国際センター」駅下車、徒歩約25分

[ス] 仙台城見聞館展示コーナー（本丸跡・ガイダンス施設）

＊スタンプ押印時間／午前9時～午後5時

9 久保田城（くぼたじょう）

登城日　　年　　月　　日

【所在地】 〒010-0876　秋田県秋田市千秋公園1-39
【電話】 018-832-7892（秋田市立佐竹史料館）
018-832-1298（久保田城御隅櫓）
【交通】 JR奥羽本線・秋田新幹線「秋田」駅から徒歩約15分

[ス] 秋田市立佐竹史料館（12月29日～1月3日など休館）、久保田城御隅櫓（12月1日～3月31日休館）

＊スタンプ押印時間／午前9時～午後4時30分

4 弘前城（ひろさきじょう）

【所在地】 〒036-8356　青森県弘前市下白銀町1
【電話】 0172-33-8739（弘前市都市整備部公園緑地課）
【交通】 JR奥羽本線「弘前」駅から弘南バス「100円循環バス」で約15分「市役所前」下車、徒歩すぐ

[ス] 天守1階、11月24日～3月31日は弘前城情報館

登城日　　年　　月　　日

5 根城（ねじょう）

【所在地】 〒039-1166　青森県八戸市根城字根城47
【電話】 0178-41-1726（史跡根城の広場）
【交通】 JR東北本線・東北新幹線「八戸」駅から市営・南部バス「田面木経由」で約15分「根城（博物館前）」下車、徒歩約5分で本丸跡

[ス] 史跡根城の広場料金所、八戸市博物館受付、史跡根城ボランティアガイドハウス窓口

登城日　　年　　月　　日

6 盛岡城（もりおかじょう）

【所在地】 〒020-0023　岩手県盛岡市内丸1
【電話】 019-681-2100（もりおか歴史文化館）
【交通】 JR東北本線・東北新幹線「盛岡」駅から盛岡都心循環バス「でんでんむし」左回りで約10分「岩手公園」下車、徒歩すぐ

[ス] もりおか歴史文化館

登城日　　年　　月　　日

1

根室半島チャシ跡群（ねむろはんとうちゃしあとぐん）

登城日　　年　　月　　日

【所在地】〒087-0166　北海道根室市温根元59、60、60地先ほか
【電話】0153-25-3661（根室市歴史と自然の資料館）
【交通】JR根室本線「根室」駅から根室交通バス「納沙布線」で約35分「納沙布岬」下車、温根元漁港方面に徒歩約30分（オンネモトチャシ）

〼 根室市歴史と自然の資料館、根室市北方領土資料館、観光インフォメーションセンター（JR根室駅前バスターミナル内）

2

五稜郭（ごりょうかく）

登城日　　年　　月　　日

【所在地】〒040-0001　北海道函館市五稜郭町44
【電話】0138-21-3456（函館市教育委員会生涯学習部文化財課）／0138-51-2864（箱館奉行所）
【交通】JR函館本線「函館」駅下車。路面電車「湯の川行き」では約16分「五稜郭公園前」下車、徒歩約10分

〼 箱館奉行所付属建物「板庫（休憩所）」入口左側スタンプ台（屋外）

3

松前城（まつまえじょう）

登城日　　年　　月　　日

【所在地】〒049-1511　北海道松前郡松前町字松城144
【電話】0139-42-2216（松前城資料館）
【交通】JR江差線「木古内」駅から函館バス「松前行き」で約1時間30分「松城」下車、徒歩約10分

〼 松前城資料館（復興天守）施設内

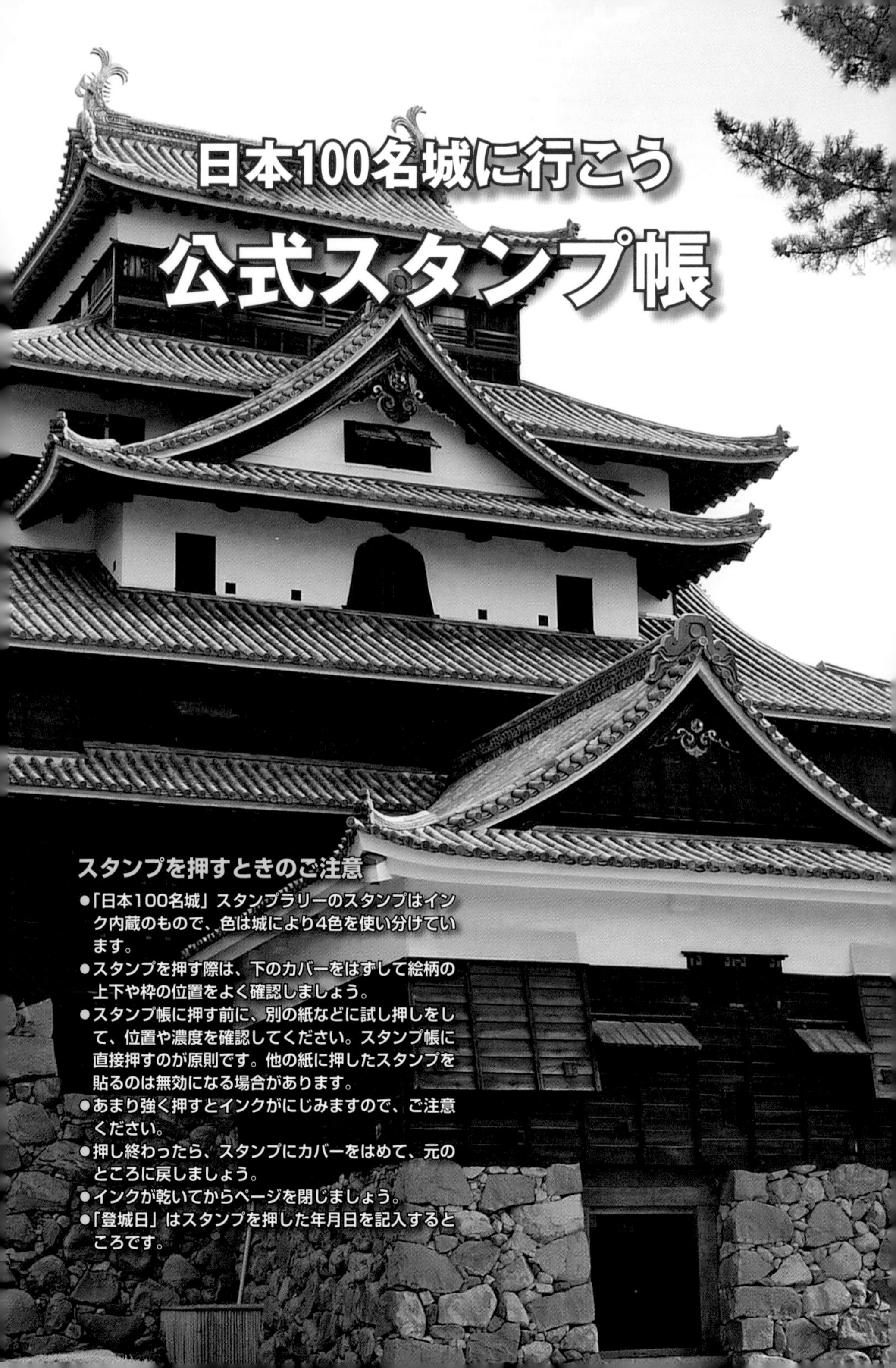

日本100名城に行こう

公式スタンプ帳

スタンプを押すときのご注意

- 「日本100名城」スタンプラリーのスタンプはインク内蔵のもので、色は城により4色を使い分けています。
- スタンプを押す際は、下のカバーをはずして絵柄の上下や枠の位置をよく確認しましょう。
- スタンプ帳に押す前に、別の紙などに試し押しをして、位置や濃度を確認してください。スタンプ帳に直接押すのが原則です。他の紙に押したスタンプを貼るのは無効になる場合があります。
- あまり強く押すとインクがにじみますので、ご注意ください。
- 押し終わったら、スタンプにカバーをはめて、元のところに戻しましょう。
- インクが乾いてからページを閉じましょう。
- 「登城日」はスタンプを押した年月日を記入するところです。

日本100名城スタンプラリーについてのお願い

❶このスタンプラリーは、日本城郭協会会員の会費および寄付金と、各城郭管理者のご協力により運営しております。有料管理地区にスタンプ置場がある場合がありますが、無料で押印を求める等の行為はご遠慮ください。
❷スタンプ設置所は、城から離れた関連公共施設や寺、神社などの場合もあります。また、スタンプを押すことができる時間は決まっています。事前に場所や時間を確認してからお出かけください。休業日や早朝、深夜に押しかけてスタンプを出してもらって押すことは厳禁です。年末年始の休業日は城郭ごとに異なります。また、災害や新型コロナウイルス感染症拡大防止のため、各施設において臨時休館や開館時間の変更が生じる場合があります。
❸スタンプ設置所や押印可能時間などが変更されている場合がありますので、事前によくご確認ください。
❹公式スタンプは、公式スタンプ帳に押印する以外の目的で使用しないようにしましょう。また、日本100名城公式スタンプ以外のスタンプも各城郭に用意されていますので、お間違いなきように確認して押印してください。
❺修復・復元工事や、発掘調査をしている場合があるかもしれません。案内板や係員の指示に従い、作業の邪魔にならないように気をつけて見学しましょう。
❻低い山城だからといって侮らないことです。道が整備されていない城もあります。動きやすい靴や服装で登りましょう。
❼山城でとくに注意しなければいけないのは火事です。指定された場所以外での喫煙はおやめください。
❽現地で土器や瓦片などを目にしても、決して持ち帰ってはいけません。また、建築物や石垣にいたずら書きをする等の行為も厳禁です。

※各城郭に関するデータは2024年9月現在のものです。
情報は変更されている場合もありますので、事前に必ずご確認ください。
※スタンプ帳の【交通】は、代表的な例を紹介しています。
※🅂はスタンプが置いてある場所を示しています。

◎「日本100名城スタンプラリー」全般に関するご質問などは、
公益財団法人 日本城郭協会にお問い合わせください。

登城完了認定印と登城順位について

- 「日本100名城」のすべてのスタンプがそろい、登城認定をご希望される方は、日本城郭協会にこの本をお送りください。登城完了印(104ページ)と登城順位を記入してご返送するとともに、日本城郭協会のホームページでお名前を発表いたします(発表を希望されない方はスタンプ帳郵送時にお伝えください)。
- 登城認定は郵送のみ受け付けていますので、郵便局で発売中のレターパックライトにてお送りください。返信用もレターパックライトに宛先を記入して同封してください。事務局への持ち込みは受け付けておりませんのでご注意ください。
- 城郭協会事務局は住所を変更することもありますのでホームページ、電話などで確認してください。

【送付先】 公益財団法人 日本城郭協会事務局「日本100名城」登城認定係
〒141-0031 東京都品川区西五反田8-2-10 五反田グリーンハイツ302
Tel/Fax 03-6417-9703［平日11:00 ～ 15:00］
e-mail info-jokaku@kna.biglobe.ne.jp
ホームページ http://jokaku.jp/

◆**編集協力　（敬称略・順不同）**
根室市歴史と自然の資料館／函館市教育委員会／松前町教育委員会／弘前市都市整備部公園緑地課／八戸市博物館／盛岡市教育委員会／多賀城市教育委員会／仙台市教育委員会／秋田市立佐竹史料館／山形市まちづくり政策部公園緑地課／二本松市教育委員会／(一社)会津若松観光ビューロー／白河市建設部文化財課／水戸市教育委員会／弘道館事務所／足利市教育委員会／鑁阿寺／高崎市教育委員会／太田市教育委員会／鉢形城歴史館／川越市立博物館／佐倉市教育委員会／環境省皇居外苑管理事務所／八王子市教育委員会／小田原市経済部／武田神社社務所／山梨県観光文化部／松代文化施設等管理事務所／上田市教育委員会／小諸市懐古園事務所／松本城管理事務所／伊那市教育委員会／新発田市教育委員会／上越市教育委員会／高岡市立博物館／七尾市教育委員会／石川県金沢城・兼六園管理事務所／坂井市教育委員会／(一社)朝倉氏遺跡保存協会／恵那市教育委員会／岐阜市ぎふ魅力づくり推進部／三島市教育委員会／静岡市歴史文化課／掛川城公園管理事務所／犬山城管理事務所／名古屋城総合事務所／岡崎城天守／新城市長篠城址史跡保存館／(公財)伊賀文化産業協会／松阪市教育委員会／小谷城戦国歴史資料館／彦根市教育委員会／(一社)安土山保勝会／安土町観光協会／近江八幡市地域文化課／元離宮二条城事務所／大阪城天守閣／千早赤阪村観光産業振興課／朝来市役所観光交流課／篠山城大書院／(公財)兵庫県園芸・公園協会／姫路城管理事務所／赤穂市教育委員会／高取町まちづくり課／和歌山城整備企画課／鳥取市教育委員会／松江城山公園管理事務所／安来市教育委員会／津和野町教育委員会／津山市教育委員会／高梁市教育委員会／総社市教育委員会／岡山城天守閣／福山城博物館／安芸高田市教育委員会／(公財)広島市文化財団広島城／岩国市役所産業振興部観光振興課／萩市観光政策部文化財保護課／徳島市教育委員会／高松市文化財課／丸亀市文化財保存活用課／今治城管理事務所／湯築城資料館／松山市産業経済部／大洲市役所商工観光部／宇和島市教育委員会／高知城管理事務所／福岡市教育委員会／太宰府市教育委員会／大野城市教育委員会／佐賀県立名護屋城博物館／吉野ヶ里公園管理センター／佐賀県立佐賀城本丸歴史館／平戸市役所文化観光商工部／島原市しまばら観光課／熊本城総合事務所／人吉市教育委員会／大分市教育委員会／竹田市教育委員会／日南市教育委員会／鹿児島県歴史・美術センター黎明館／今帰仁村教育委員会／中城城跡共同管理協議会／首里城公園管理部
＊以上の100城関係機関からは基本データのご提供をいただきました。

◆**写真提供**
根室市歴史と自然の資料館／函館市教育委員会／八戸市博物館／東北歴史博物館／仙台市教育委員会／会津若松市観光課／白河市建設部文化財課／水戸市教育委員会／高崎市教育委員会／八王子市教育委員会／上越市教育委員会／三島市教育委員会／静岡市歴史文化課／朝来市観光交流課／（公財)伊賀文化産業協会／和歌山城整備企画課／鳥取市教育委員会／安芸高田市教育委員会／岩国市役所産業振興部観光振興課／高松市文化財課／愛媛県都市整備課／宇和島市教育委員会／佐賀県立名護屋城博物館／佐賀県教育庁／大分市教育委員会／鹿児島県歴史・美術センター黎明館／加藤理文／清木俊邦／和田不二男／斯波進

執　　筆　中城正堯(「日本100名城」の選定にあたって)
　　　　　歴史群像編集部(日本100名城解説)
編集制作　Beau Geste
デザイン　日高秀司　有限会社ゼスト
スタンプ原画　打道宗紘

日本100名城に行こう
――公式スタンプ帳つき――

2012年 4月10日　第 1 刷発行
2024年10月17日　第43刷発行

監　　修　公益財団法人 日本城郭協会
発 行 人　松井謙介
編 集 人　廣瀬有二
編集担当　早川聡子
発 行 所　株式会社 ワン・パブリッシング
　　　　　〒105-0003 東京都港区西新橋2-23-1
印 刷 所　岩岡印刷株式会社

●**この本に関する各種お問い合わせ先**
本の内容については、下記サイトのお問い合わせフォームよりお願いします。
https://one-publishing.co.jp/contact/
不良品（落丁、乱丁）については　Tel 0570-092555
業務センター　〒354-0045　埼玉県入間郡三芳町上富279-1
在庫・注文については書店専用受注センター　Tel 0570-000346

公益財団法人 日本城郭協会

1955年2月に任意団体として設立され、1967年6月に文部省(現文部科学省)、2013年4月に内閣府の認可を受けて、城に関する唯一の公益財団法人として活動しています。『日本および世界各国の城郭に関する研究、調査、啓蒙を通じて、民族、歴史、風土に関する知識の普及を図り、もって教育、文化の発展に寄与すること』（定款より)を目的としています。城郭に興味のある方なら、どなたでも入会可能です。

事務局　〒141-0031 東京都品川区西五反田8-2-10 五反田グリーンハイツ302
電話・FAX 03-6417-9703
http://jokaku.jp/

★ 本書は2012年に学研プラスより刊行された『日本100名城に行こう 公式スタンプ帳つき』に改訂を加えたものです。